JN411573

어떤 일탈

박신영 에세이집

시 와 사 람

국립중앙도서관 출판시도서목록(CIP)

어떤 일탈 : 박신영 에세이집 / 지은이: 박신영.
-- 광주 : 시와사람, 2014
p. ; cm

ISBN 978-89-5665-408-9 03810 : ₩10000

한국 현대 수필[韓國現代隨筆]

814.7-KDC5
895.745-DDC21 CIP2014028596

어떤 일탈

■ 자서 ■

설익은 이 글을 쓰면서 나는 참 행복했다. 그것은 고향과 어린 시절의 향수가 유난히 짙은 향기로 나를 자극했기 때문이다. 그런 사물들이 아름답게 보이는 것은 제한된 시간과 공간을 넘어서려는 초월적인 의지를 담고 있었기 때문은 아니었을까. 말로 다 표현할 수 없는 그 시절의 정서들과 수많은 꿈들, 그리고 내 부모님과 함께 살았던 고향의 풍경은 나를 감성으로 온전히 정복하고 또 매료시켰다.

생각만 해도 가슴 설레이는 유년의 추억과 그 추억을 함께 만들었던 내 고향 우전리, 누군들 고향을 떠올리면 그립지 않겠는가만은 이쯤에서 다시 회상하는 고향은 사랑이고 그리움며 또 다른 기다림이었다.

할아버지 시대와 아버지 시대, 그리고 우리의 시대가 함께 어우러져 살았던 우전리는 어린 날 내게 아름다운 천국이었다. 그곳에서 나는 사랑을 배웠고 그리움을 만들며 꿈을 키웠다.

사람은 늘 독립된 개체로 존재하지만 이처럼 고향이란 작은 나라를 관통해 흐르는 생명의 흐름속에서 호흡을 하고 과거를 되돌아보고 미래를 바라보며 사는 것이 아니겠는가. 어린 날 그 속에서 바라보았던 모든 사물들은 정지되어 있지 않고 이상적인 목표를 향해 무엇인가를 이루어가고 있음을 나는 조금씩 보았던 것 같다.

그래서 아름다운 천국에서만은 모든 것이 가능하다고 생각했고 그 가능성 때문에 미래 지향적인 꿈을 꿀 수 있었던 것이다.

유년의 천국, 그곳은 지금 내가 이렇게 글을 쓸 수 있는 텃밭을 만들어주었으며 사는 동안 기쁨이 되어주고 내가 기댈 수 있는 언덕이 되어주었다. 그 천국은 내게 가슴으로 사는 법을 배우게 했고 삶의 의미와 가치를 알게 했으며 결국은 인생을 알게 했다.

그러나 거기에서 일어났던 그 아름다운 이야기를 엮어내기에는 내 언어는 턱없이 미숙하고 늘 서투르다. 그저 온 마음을 사무치게 갈고 닦아서 바늘 끝에 모아 한 땀 한 땀 조심스럽게 수를 놓는 기분이다.

이렇게 수를 놓다보면 언젠가는 모두가 공감하고 가슴을 훈훈하게 적셔줄 시원한 물줄기 같은 글 한 편 쓸 수 있지 않을까 하는 욕심을 내본다.

글을 쓴다는 것은 어떤 면에서는 마음의 배설이라고 할 수 있겠다. 쓰고 나면 뭔가 후련해지는 느낌이 드니 하는 말이다.

몇 년 전, 소설 『아름다운 약속』을 세상에 내보낼 때와는 달리 이번에는 그저 고향 바다에서 건져 올린 생선 몇 마리 숯불에 막 구워내 사람들에게 선물하는 기분이다.

2014, 갑오년 가을 저자 박신영

| 차례 |

2 가장 낮은 자리에서

3 내 인생의 노을

4 아름다운 꽃밭

1

어머니의 세월

나의 어머니

동이 트기 전이다. 창문을 열어 하늘을 보니 별 하나가 유난히도 환하게 내 가슴에 스민다. 별을 바라보다가 살포시 눈을 감으니 세월의 흔적이 온몸으로 전율한다.

언제나 하늘같은 온유함과 바다처럼 깊은 사랑을 가슴 가득 채워주시던 나의 어머니! 어젯밤 둘째 아들놈의 몸이 성치 않아 걱정이라며 눈물을 보이시던 모습이 밤새 내내 가슴을 아리게 했다. 부모란 그런 존재인가. 자신의 아픔은 아랑곳 하지 않고 그저 자식들의 안위만을 위하여 노심초사하는 영원한 아군, 그 역할을 굳이 마다하지 않은 것이 부모다.

어거스틴의 어머니 모니카 여사는 방탕한 아들의 생활을 보며 그 영혼을 위해서 얼마나 눈물을 흘리며 간절한 기도를 드렸는가. 그러나 그 기도가 이루어지지 않자 '내 아들은 이제 멸망을 할 수 밖에 없구나' 하며 암부르스 목사님을 찾아갔다. 모니카의 말을 들은 암부르스 목사가 '눈물로 기도하는 어머니가 있는 자식은 절대로 망하는 법이 없습니다.'하고 격려를 해 주었다. 모니카는 더욱 힘을 얻어 눈물로 아들이 돌아오기만을 위해 기도했고 결국 어거스틴은 어머니 품으로 돌아왔다. 나중에 모니카는 죽음을 앞에 두고 어거스틴에게 '내가 세상을 떠난다고 해도 너는 조금도 슬퍼하지 말아라. 나는 내 기도를 이루었으니 조금도 한이 없다. 내가 네게 부탁하고 싶은 것은 네가 기도할 때 나를 기억해 다오, 라고 말하고 세상을 떠났다.

자식을 위해 온전히 희생하고도 무슨 대가를 바라기는커녕 자식이 잘 되기만을 바라는 것이 부모이다. 부모는 자식이 대적하여도 버리지 못하고 용서 해 주는 대단한 사랑을 가지고 있다. 자식이 원하는 것이라면 무엇이든지 다 주고도 아까워하지 않은 것도 부모의 마음이다.

나의 어머니는 좋은 것이 있으면 자녀들을 생각하며 기꺼이 내주는 분이다. 모든 것을 주고도 더 주려는 그 마음이 어머니의 마음이다. 어떤 부모가 자식들에게 내가 이만큼 했으니 이제 부모로서 할 일은 다했노라고 말하는 부모가 있던가. 언제나 자식에 대한 사랑을 부족하게 생각하고 안타까워하는 것이 어머니의 사랑이다.

자식들이 잘 되기를 바라는 마음은 모든 부모님들의 같은 마음이라고 본다. 그러나 나의 어머니는 유독 그 마음자리가 남달랐다. 자식을 위해서는 그 무엇도 아끼지 않으셨고 아무것도 바라지 않았다. 늘 베푸는 것에 익숙한 어머니의 몫은 늘 빈궁

할 수밖에 없는 삶이었다. 다섯 자식을 온전히 길러내기 위해 희생을 마다하지 않고 젊은 날을 힘들게 살았다. 7남매 막내며느리의 삶은 가장 낮은 자리에서부터 가장 위에까지 마음을 써야하는 자리였다.

모든 사람들의 삶은 숙명과 운명으로 엮어져 있다고 본다면 내 어머니의 삶이야말로 숙명이었다. 위로 계신 형님들을 줄줄이 모시고 살아야 했던 때인지라 부엌일은 언제나 내 어머니의 차지가 되었으나 불평 한 번 하지 않고 형님들을 잘 모셨다. 윗형님들과 서로 의좋게 지내며 이해하고 돕고 귀하게 여기며 살았다. 가슴과 가슴으로 정이 흘러 서로가 의지하고 서로가 감싸주며 살갑게 살았다. 모진 시집살이도 함께 견디고 어려운 살림살이도 함께 아끼며 한 수저의 밥이라도 상대의 입에 더 넣으려고 배가 부르다고 타투기도 하였다.

부잣집 막내며느리의 삶이라고 평탄하기만 했을까. 나름대로 삶의 파장이 컸던 어머니는 그래도 그 때를 그리워한다. 일찍 세상을 떠난 큰 형님을 가슴으로 그리워한다. 정말 좋은 분이라고, 정말 살가운 사람이라고… 한번만 봤으면 원이 없겠다고 하신 어머니의 형님은 천사 같은 분이었다.

자신을 불태워 자식들을 길렀고 온전한 희생으로 가족을 위해서만 살았다. 나는 큰어머니의 아픈 삶을 소설로 쓴 적이 있다. 너무나 아름다운 사람이었으나 참으로 외롭고 슬픈 삶을 살다 가신 분이다. 그런 큰어머니가 어머니 마음속에 그리움으로 자리 잡고 있었다. 어느 날 어머니는 그랬다. '혹여 저 나라에 가면 우리 형님을 만날 수 있을거나' 하신 어머니는 이승보다는 저승이 더 가까운 것일까.

어머니의 얼룩진 눈시울에서 큰어머니의 쓰리고 아픈 삶이 내게로 건너온다. 밝은 모습으로 웃고 있어도 늘 안쓰러운 모습으로 내 곁에 오신 어머니와 큰어머니 삶, 어머니께서 떠난다면 난 그리움의 눈물을 참을 수가 없을 것 같다.

세상이 줄 수 없는 사랑을 내 가슴속에 가득 심어 주신 나의 어머니! 오늘도 당신은 둘째 자식을 위해 또 가슴을 쓸어내리신다.

어머니 얼굴에 움푹 패인 밭고랑 같은 주름살과 굽은 등허리를 젊은 날의 고운 모습으로 돌려 드릴 수는 없는 것일까. 돌아보면 어머니의 일생은 고뇌의 생이었고 외롭고 한스런 일생이었을지 모른다. 자신의 고생은 전혀 생각하지 않으시고 오로지 자식만을 위해 평생을 몸 바쳐 살아오신 그 거룩한 희생 앞에 나는 오늘 몸져 눕듯이 신열이 또 오른다.

내 어머니의 꽃 진달래

어머니, 이미 오래 전부터 한가롭게 쓰자고 마련해 두었던 날이라 오늘은 모처럼의 여유로움으로 집을 나섭니다. 그동안 잊고 있었던 자연의 경이로움에 취해보고 싶어서지요.

어깨엔 다소 무거운 듯한 가방하나 짊어지고 그렇게 집을 나서는데 고운 내 친구가 늦지 말라고 재촉하는 전화를 해 오지 뭡니까.

"그래 그러마."

그 친구가 토요일 날 진달래를 보러 가자길래 그녀 소원을 들어주는 것인 양 인심을 베푼 양 덜커덕 약속을 했지만 사실은 제가 그 친구보다 더 진한 그리움으로 어머니의 꽃을 그리워하고 있었습니다.

산뜻한 기분으로 가야 한다며 보기엔 깨끗한 차를 세차를 하는 내 친구는 뭐가 그리 좋은지 마냥 싱글벙글입니다.

가는 길 언덕배기에 한가롭게 피어 있는 철쭉을 보니 그리

움에, 가슴이 두근거리고 설레이기까지 했습니다.

"좋으냐?"

"그래."

내 고운 친구의 시선은 늘 나를 지켜보며 묻습니다. 좋다는 그 한 마디에 얼굴이 환해지는 내 친구를 보니 꽃보다 아름답습니다. 섬진강변에 다다랐습니다.

강이 야위긴 했으나 물줄기를 따라 유년을 들춰내어 모처럼 배를 쥐고 웃으며 우린 동심의 나라에 빠졌습니다. 무더기로 피어있는 철쭉의 화려함에 질려 넋을 잃고 있는데 친구가 불렀습니다.

"신영아! 도시락!"

친구는 차에서 도시락을 꺼내들고 흔들며 재밌어 죽겠다는 듯 웃습니다. 우린 강가 모래밭에다 돗자리를 펴고 꼬막 살림을 하듯 상을 차렸습니다.

내 친구는 내가 좋아하는 샐러드 김밥을, 나는 내 친구가 좋아하는 김치 김밥을, 우린 서로 마주보며 웃었습니다.

상큼한 봄나물도, 돼지껍질안주에 매취순을 곁들어 물가에서 먹은 점심이라니요. 참 행복했습니다.

보온병에 담아온 커피를 따라 친구에게 건네주니 내 친구는 커피를 먹지 않은 나를 위해 준비해 온 감잎차를 내밀었습니다.

"너?"

"너는?"

우린 또 행복하게 웃었습니다.

얼마를 그렇게 웃고 먹고 했더니 내 친구 얼굴에 진달래꽃이 활짝 피어났습니다.

내 친구의 붉은빛이 내게도 전해지는 것인지 친구가 일어서며 내 손을 잡아 챕니다.

"신영아! 내 얼굴빛 같은 진달래꽃 보러가자."

"네 얼굴은 파란색인 줄 아니?"

우리는 온산을 뒤덮은 듯 피어있는 진달래를 따라 산으로 올라갔습니다. 어여쁘다 못해 수줍은 듯 고개를 살포시 내리고 있는 진달래꽃을 보고 있자니 어머니 당신 생각이 간절했습니다.

당신은 어린 나를 등에 업고 진달래 꽃을 보며

"신영아, 참 곱지."

하실 때 저는 그 꽃이 그리 고운 줄을 몰랐습니다. 그 꽃잎을 입에 넣고 잘근거리며 눈을 살포시 감았던 어머니께서 무슨 생각에 잠기셨던지 그 땐 정말 몰랐습니다.

큰어머니와 다라이에 빨래감을 가득 담아 머리에 이고 들버지 고개를 넘어 진달래 꽃물로 출렁이는 저수지 한켠에서 옥양목을 그리도 내리치시던 두 분을 보며 어깨가 얼마나 아플까만 생각했지 고된 시집살이의 한풀이라는 것도 전혀 짐작을 못했습니다.

그러다 어머니께서 그렇게 꽃잎을 따서 입에 넣고 잘근거리던 나이가 된 오늘, 진달래꽃이 얼마나 어여쁘고 얼마나 고운지를 알았습니다.

어머니께서 옥양목을 내리치시던 나이가 된 지금에야 당신의 그 때를 짐작하며 가슴을 쓸어내립니다. 당신이 곱다며 내 입에 넣으셨던 그 진달래꽃을 오늘에서야 입에 넣어 봅니다.

친구가 그랬습니다.

"꽃보다 고운 사람이 없는 세상이라고……."

그래서 제가 그랬습니다.

"꽃보다 더 고운 사람이 분명 있다고……."

어머니 올해도 진달래꽃을 보지 못하셨습니까. 도심을 벗어나면 산에는 진달래가 피었을 것인데 어머니께서 그리도 곱다시던 그 진달래를 오늘도 저만 보고 있습니다.

올해는 꼭 올라가 함께 봐야지 하고 벼르고 있었는데 올해도 이렇게 저만 보고 있습니다.

어머니, 세월이 많이 흘러 이제 어머니의 모습을 닮아가는 여식은 어머니께서 제게 주셨던 그 생명같이 간절했던 정성과 사랑을 이제사 깨닫습니다.

오늘 내 친구와 나란히 어머니의 꽃, 이리 고운 진달래를 보면서 또 당신이 많이 그립습니다. 봄이면 입맛을 잃어 고생하는 내게 자고새면 전화를 하시어 자식걱정을 그리도 하시던 어머니, 나는 그 무엇으로 당신의 그 애틋한 사랑을 갚아야 할지, 이렇게 또 마음만 간절히 앞섭니다.

여름이 오기 전에 몸을 추스려야 한다고, 건강한 것이 효도라고 하셨던 그 말씀 놓치지 않기 위해 오늘도 열심히 먹고 열심히 웃었습니다.

이렇게 진달래를 볼 때마다 어머니 가시고 나면 후회하지 않게 잘 해 드려야겠다고 마음은 벼르고 또 벼르지만 삶에 빠지면 늘 소원하여 집니다. 어머니, 이름만으로도 가슴이 벅차오르는 내 어머니, 이렇게 가슴이 타들도록 그리운 날이면 당장 올라가 그 품에 폭 안기고 싶습니다.

그래서 오늘은 진달래꽃을 몇 송이 꺾어 갈까 합니다. 어린 날 그랬듯이 꽃병에 물을 붓고 꽂아 둘까 합니다. 꽃은 꺾지 않고 보기만 해야 오래 볼 수 있다고 하신 당신의 말씀을 기억하지만 오늘만, 사랑인 듯 그리움인 듯 몇 송이 꺾어 가겠습니다.

그래서 당신의 사랑인 양 그리움인 양 잠시라도 보고지고 하겠습니다.

어머니의 봄

비 개인 사월, 하늘빛이 새뜻하다. 봄이 해마다 대지에 온다는 것은 얼마나 좋은 일인가. 신이 펼쳐놓은 들녘에는 풀들이 다투어 키를 키우고 산에는 나무들이 이파리를 요염하게 흔들며 사월을 유혹하는 향기로운 계절이다. 이처럼 대지에는 해마다 봄이 오는데 내 어머니의 대지에는 왜 봄이 다시 오지 않는 것일까?

지금은 팔순을 앞에 두고 눈도 귀도 옛날 같지 않다며 텔레비전 볼륨도 올리고 돋보기 도수도 턱없이 높인다. 밥 맛 없다는 소리는 갈 수록 늘어가고 외출하는 것도 반갑지 않다는 것을 보니 세월 앞에 장사 없다고 하는 말이 맞는 것 같다. 작년 다르고 올 다르다는 어머니의 몸은 갈수록 기능이 떨어진다.

세월이 주는 변화이기는 하지만 어머니의 그러한 모습을 보니 유독 올해는 꽃피고 잎 피는 부활의 원리에 대한 감회가 깊어진다. 인간의 명이 유한한지라 오래도록 살아갈 수는 없지만

그래도 갈 수록 작아지는 몸을 보니 오늘따라 가슴이 먹먹해진다. 늘 흐트러짐 없는 모습으로 계실 것만 같더니 세월의 매정함은 당해내지 못한 모양이다.

화단에 백목련 꽃은 피고 지고 하는데 사람은 한번 가면 돌아올 수 없으니 계실 때 잘 해드려야지 하면서도 마음먹은 대로 안 되는 것이 현실이다.

분재와 꽃을 유난히 좋아하는 아버지, 그 아버지가 좋아한다는 단 하나의 이유만으로 덩달아 꽃이 좋다는 어머니는 꽃보다 고운 사람이다.

어제는 그이와 꽃집엘 갔다가 예쁘게 핀 시클라멘이라는 꽃을 사다 드렸다. 꽃을 들여다보며 어머니는 애기 같이 웃었다. 얼마 만에 보는 해맑은 얼굴인가. 아름다운 꽃이 곱다한들 어머니만 할까. 흰 눈처럼 마음이 맑고 투명하며 호수처럼 평화롭고 매사에 감사할 줄 아는 어머니는 모든 사물과 세상과는 비교될 수 없는 사람이다. 어머니는 포용하는 마음이 바다처럼 깊고 하늘처럼 넓어 호수에 파문처럼 누구에게나 잔잔한 감동을 주며 삶에 리듬을 탈 줄 아는 사람이다. 그런 사람이 내 어머니라는 것이 늘 나를 들뜨게하고 살아가게 하는 원동력이 된다.

사월의 봄은 잠시 머물렀다 떠나지만 다시 또 그 자리로 돌아온다. 기다리지 않아도 파릇한 새싹을 안고 오듯 유구한 자연의 섭리는 단 한 번도 어긋나지 않았다. 그런데 어머니의 봄은 한 번 가버린 후로는 다시는 돌아오지 않았다.

확 뜨인 바다를 유난히 좋아하는 어머니는 어쩌다 들녘을 찾아 나들이를 갈 때에도 바다만 찾는다. 아마도 살아온 세월 속에 말 못할 속앓이가 많았던 것일까. 어느 날 어머니는 시골 들녘에 서서 가쁜 호흡을 잠시 고르고 주변의 풀꽃들을 살폈다. '농사지을 때는 저런 것들은 꽃으로 보이지 않았지. 모든 것이 잡초로만 보였어.' 라며 허허 웃는다.

그랬을 것이다. 내 어린 시절 시골에서는 자고 나면 어디서 나온 풀들이 저렇게 웃자랐다고 할머니와 큰어머니께서는 투덜거리곤 했으니까. 아버지께서 잠시 서울에 계실 때 혼자 힘으로 한 가족을 따뜻이 부양 할 수 있는 평범한 사실에 어머니는 스스로 감동했다.

어머니는 가부장적인 아버지와 살면서 많이도 힘들어했다. 심성이 착하고 바른 대신 불같은 성격을 지닌 아버지의 뜻을 받들며 지금까지 가슴을 도닥이던 어머니는 숨조차 크게 쉬지 않으셨을 것이다. 그런 어머니를 보면서 그래서 쉽게 손이 닿을 수 있는 위치에 심장이 자리한 까닭을 알 수 있었던 것 같다. 사람의 한 생애래야 눈 위에 찍힌 비둘기 발자국과 같은 것이라 했다. 올해 팔순을 넘기신 아버지와 그토록 긴 세월을 함께 했으니 이제 이별 앞에서도 눈물이 마르셨으리라. 그러나 평생을 함께 살다 먼저 떠나보내는 주위사람들을 보면 남아서 못 잊는 고통이 얼마나 견디기 어려운 것인가를 볼 수 있다. 신은 저 세상에서는 이 세상으로 한 발자국도 옮길 수 없고 이곳에서도 한 치도 다가 갈 수 없도록 다섯 개의 강으로 경계를 해 놓았다. 시름의 강, 증오의 강, 불의 강, 비통의 강, 레테의 강이라 했던가. 강이 있으니 나루터가 있겠고 거기에 배 한 척쯤은 흔들리고 있을 것이다. 어머니는 아버지가 먼저 떠난다면 수없이 거듭된 상실의 끝에서 또 헤맬 사람이다.

아버지의 눈빛만 흐려도 걱정이고 식사 양만 줄어도 걱정이니 하는 말이다.

오늘도 어머니는 아버지를 위해 여섯 가지의 야채와 과일을 넣고 해독주스를 만든다. 지금까지 살아오면서 좋은 것만 골라서 아버지 앞에 놓아두기를 60년 동안 해 오신 분이다. 그런 분이셨으니 자식들에게는 얼마나 특별했겠는가. 자식을 위해서라면 목숨도 아끼지 않고 모든 걸 다 내 놓으시려 했다.

부지런하고 깔끔하며 매사를 긍정적인 생각으로 삶을 살아오셨건만 세월 앞에서만은 어쩔 수 없이 무릎을 꿇고 있는 것이다. 시클라멘의 꽃잎처럼 화사하고 곱던 어머니의 모습이 이제는 힘없이 폴폴 날리는 억새꽃 같이 가볍다. 시클라멘의 붉은 꽃잎에서 어머니는 무지개 곱던 지난날을 보는가. 내가 베어버린 배추밭이 황막한 겨울을 몰고 온 북풍이라면, 시클라멘의 몇 송이 붉은 꽃은 아련한 어머니의 꿈을 일구는 봄이었다. 꽃잎처럼 작아진 어머니를 보고 있으려니 아릿한 서러움이 목젖을 타고 해조음처럼 밀려온다.

영원히 지워지지 않는 어머니의 마음이라는 대지에는 계절의 순환은 없었지만, 그 안에는 언제나 새순을 돋게 하는 봄이 들어있었다. 젊은 날이 희망의 봄이라면 저무는 몸에는 지난날의 애련이 해마다 피는 봄이거니 한다. 그것은 새 생명을 가꾸는 모성애에서 비롯되는 마음의 새순일 것이다.

그 곳에 어머니의 봄은 늘 존재하고 있는 것이다.

올 봄에는 더 많은 꽃들이 어머니의 대지에 피게 하리라. 그래서 저무는 석양이 아름다운 시클라멘의 붉은 색깔로 오래 오래 물들도록 말이다.

어머니의 세월

어머니란 이름은 속으로 가만히 불러만 봐도 목이 메이고 콧등이 찡해지며 눈시울이 젖어든다. 우리가 인간으로 태어나 처음으로 말을 배울 때 최초의 언어는 '엄마' 곧 어머니가 아니었던가. 그렇게 엄마라는 단어로 시작하여 세상을 배우고 익히는 동안 모든 시작이 어머니였고 모든 끝도 어머니였다.

그 때 어머니는 온전히 우리를 보호해 주는 무너지지 않은 큰 성이었고 우리의 진정한 아군이었다. 아프거나 괴롭고 슬플 때도 언제나 어머니를 먼저 불렀고 어머니를 먼저 찾았다.

그런 어머니가 이 세상에 존재하고 있다는 사실만으로도 우리는 행복하게 생각해야 한다.

어머니가 안 계신 세상이란 어떤 세상일까. 어린 날 나는 가끔 그런 생각을 해보면 참 무서웠다. 아니 어머니가 안 계신 세상이란 꿈도 꾸기 싫었다. 그러다 나이가 들어 어머니와 떨어져 지냈고 또 처녀가 되면서 결혼이라는 굴레가 어머니와 나를

갈라놓았다. 그렇게 안타깝고 그리운 시절이 지나면서 나도 어머니가 되었다. 그래도 어머니는 늘 그 곳에 계셨고 나는 그런 어머니를 가끔은 만날 수 있다는 희망으로 그리움을 삭혀냈다.

지금 어머니는 작년에 광주로 이사를 오셔서 우리 집에서 5분 거리에 사신다. 마음만 먹으면 늘 어머니를 볼 수 있는 거리다. 좋은 일만 있어도 맛있는 음식만 있어도 부모님이 생각나 한 달음에 달려간다. 늘 같은 목소리 같은 모습으로 자식을 반기는 어머니는 아직도 내가 어린아이 같기만 한가 보다.

어린 시절에 보았던 어머니는 하늘끝자락까지 파랗게 솟아 있는 모시나무를 베어다가 껍질을 벗겨서 말리고 모시나무 물이 들어 더 검은 손으로 한 올 한 올 그 껍질을 가르고 또 갈라서 전대 양쪽 세워놓고 모시를 삼았었다.

한 많은 인생살이 시집살이를 물레에 돌려 모시 꾸리에 감아내면 어느새 베 짜는 소리는 찰칵찰칵 초가집을 울렸다. 어머니는 그렇게 온종일 앉아 사랑도 짜고 고통도 짜고 동네 아낙들의 흠도 거기 짜 넣고 멀리 계셔 늘 그리운 아버지를 향한 그리움도 삼베 속에 그렇게 짜내셨다.

나는 어린 시절 삼베적삼을 짓고 목화솜을 타는 내 어머니를 보며 참으로 행복한 시간을 보냈다.

요즘이야 버려지는 게 옷이며 널려있는 게 먹거리지만 어려웠던 시절이었으니 그 시절 여인네들의 삶이야 하룬들 편할 날이 있었을까. 어두운 새벽을 열어 새물을 길러 항아리에 채워

놓고 절구통에 보리쌀을 넣고 질근질근 씻어 가마솥에 밥을 지었다. 쌀이 부족한 시절이라 어머니는 보리쌀 한쪽에다 쌀을 얹어 어른들만 쌀밥을 드렸다. 국은 늘 필수였고 모든 반찬은 김치 말고는 그날그날 만들어먹는 시절이었으니 얼마나 바빴겠는가. 식구가 많으니 상은 또 얼마나 많았던지 모른다. 할아버지 할머니, 그리고 큰아버지, 오빠들, 그리고 일꾼들… 모두를 다 챙겨 먹이고 나면 큰어머니들과 어머니는 남은 반찬그릇을 그대로 놓고 부엌에서 그냥저냥 끼니를 때우기도 했다.

지금 생각해 보니 고단하기는 했어도 사람 사는 세상이었다. 아니 정다운 시절이었다. 아무래도 나는 그 시대 어머니처럼 그렇게 베틀에 앉아 세월이라도 짜내며 고된 날들을 살아내야 어울릴 것 같다. 거기다 아궁이에서 소나무 마른 잎들이 솔솔 타들어가는 순한 불길에 얼굴은 홍시처럼 익어가도 좋기만 했던 때로 돌아가 그리움인 듯 사랑인 듯 그리 살아볼 일이다.

나보다 훨씬 키가 큰 정재문을 두 손으로 밀어내기가 힘겨워 어머니 손을 빌려야했던 시절이긴 했지만 그 정재문을 넘나들던 할머니와 큰어머니들 그리고 어머니의 손 때문은 흔적들은 아직도 내 가슴 한 귀퉁이에 그리움으로 남아있다. 뭐든지 부족했지만 부족한 줄 모르고 살았던 때, 다들 그렇게 살아서인지 불평과 불만 없이 행복했던 때, 작은 것도 나누고 살았던 그 정다운 내 가족들이 살았던 때로 돌아가 볼 일이다.

아무리 봄, 여름이 좋다고 해도 가을 추수 때만큼 풍성했을까. 꽁보리밥, 시래기죽, 고구마와 보리가루, 쌀겨로 연명을 했던 가난한 시절 마을 사람들은 가을 추수 때만큼은 그래도 한 번쯤 아이들에게 쌀밥을 먹였다.

그래도 불행하다고 생각하지 않았던 고향 사람들은 어른공경하기를 제일로 삼았고 서로 나누고 사는 것을 덕으로 알았다. 좋은 일이든 슬픈 일이든 네 일이 곳 내일 같았고 작은 것도 나눠먹고 살았던 어머니의 시대, 돈을 주고 사람을 사서 일하는 것이 아니라 품앗이와 울력 하는 것이 그 때 생활이여서 소중한 사람들로 살았다.

온 동네 사람들이 가족 같았고 잔치나 제사 때는 꼭 한 자리에 앉아 식사를 하곤 했었다. 어머니는 명절이 돌아오면 소풍가듯 날을 받아 동네사람들과 5일 장을 보러가곤 했다. 모처럼 고된 일상에서 벗어난 나들이다. 4키로가 넘는 머나먼 길을 걸어 또 객선을 갈아타고 가면서도 즐겁기만 했던 고향 사람들은 장에 널브러져 있는 신발이며 옷가지들은 눈요기로 삼았다. 정작 필요한 것들은 어쩌다 특별하게 먹는 생선과 과일, 그리고 생필품들이었는데 그런 것들도 마음 놓고 살 수가 없었다. 지갑에는 이미 정해진 액수로 제수용품을 사고 나면 바닥이 나게 돼있기 때문이다. 조금 여유 있는 사람들은 국수도 사고 돼지고기도 한 덩어리 샀다. 모든 먹거리는 손수 집에서 가꾸어 해결하는 때인지라 고기나 콩기름 그리고 옷을 깁거나 만들어 입을 수 있는 실이나 고무줄 등을 사는 게 고작이었다. 차가 없는 때인지라 짐들은 손수 들고 머리에 이고, 아니면 지게에 지고 오는 게 상책이었다. 참으로 힘들고 어려웠던 어머니의 세월이다.

당시 호랑이로 소문난 할아버지와 그저 순하기만 해서 복종하듯 삶을 살았던 할머니, 장남 며느리로서 모든 것을 안으로 삭혀 병이 깊어지신 큰어머니, 그리고 막내며느리인 어머니는 부모님의 말이 곧 법인 세월을 살았다. 지금은 아버지만 남고 칠 남매가 다 떠나버렸지만 그 정서와 그 시절의 삶은 하나도 손상되지 않았다.

이처럼 추억이 아름다운 것은 순수하고 정직하며 욕심이 없던 시절의 정서 때문이리라.

오늘은 달큰한 풀냄새가 배인 삼베적삼을 입은 어머니의 아늑하고도 편안했던 그 품이, 그 무릎 벼개가 무척이나 그립다.

유년의 천국

높은 산에 올라가 우전리를 내려다보면 꼭 우리나라 지도를 펼쳐 놓은 것 같습니다. 바다에 물이 담뿍 담겨 있을 때는 더욱 더 그리 보입니다. 삼면이 바다로 둘러싸인 그곳은 물에 잠길 듯 떠 있는 작은 섬이지요. 그곳 사람들은 바다에 배를 띄워 고기도 잡고 김도 길러내며 열심히도 삽니다. 실뱀처럼 휘늘어진 외길을 따라 사분사분 내려가면 목화 꽃이 곱던 다래밭이 나올 겝니다.

그곳에서 환히 웃는 두 여인이 지금도 다래를 따서 내 입에 넣어 줄 것만 같아 가슴이 설레입니다. 큰 나무가 쭉쭉 뻗은 당산이 있고 그 아래 옹기종기 내려앉은 동네가 내 고향 우전리입니다. 봄이면 친구들과 신나게 뛰놀다 종종 걸음으로 마을 중앙로를 가로질러 좁은 골목길로 들어서면 거기 내가 태어난 집이 있습니다.

본채 댓돌 위에는 언제나 굽 높은 나막신이 놓여 있었습니

다. 그 신은 수염을 기르신 할아버지 발에 꼭 맞았습니다. 그리고 벌레구멍이 송송 뚫린 대청마루가 둥근 기둥사이로 흘러나오면 할머니가 방망이를 움켜쥐고 박자에 맞추어 다듬이질하는 모습이 보이곤 하였습니다. 그 소리가 한참이나 그렇게 가락으로 휘어 질 때쯤이면 정지문이 열리며 아직도 새댁인 엄마가 소반상을 들고 조심스럽게 나오십니다. 그 상이 할아버지 앞에 놓일 때면 우리는 언제나 침을 삼키는 일로 목에 힘을 주곤 하였습니다.

어느 날이었습니다.

큰어머님과 어머니를 따라 들버지 고개를 넘어 큰 저수지에 갔습니다. 두 분은 넓적한 돌을 찾아 나눠 앉고 다라이에 가득 이고 온 이불 빨래를 물에 첨벙첨벙 적셔가며 비비기 시작하였지요. 저수지 물이 참 맑았습니다. 자세히 보니 송사리 떼가 잠깐씩 물가로 오르다 내려가는 게 보이곤 하였으니까요. 나는 엄마 코고무신을 빌려 그놈들을 한 마리 두 마리 잡기 시작했습니다. 제법 여러 마리를 잡긴 했습니다만 그냥 돌려보내기로 작정했지요. 왜냐하면 그놈들의 엄마가 애타게 기다릴 것만 같았기 때문입니다.

두 분이 빨래를 하는 동안 나는 발을 물 속에 넣고 돌 위에 앉았습니다. 따스한 햇볕이 물 위에 반짝 빛났던 걸 보면 아마도 그때가 봄이었던 것 같습니다. 저수지 물 위에 아지랑이가 아리아리 피어오르고 건너편 산이 물 속에 붉게 담겨왔습니다.

진달래가 흐드러지게 핀 산에서는 아이들의 웃음소리가 요란하고, 하늘을 꼭 안은 저수지에는 엄마의 빨래 방망이가 그 하얀 옥양목을 내리치는 소리로 출렁거렸습니다.

언덕엔 삘기가 몸을 키우고, 건너편 논에서는 개구리가 앞을 다투어 울어대는 신나는 봄이 온 겝니다. 언덕으로 올라가 아직은 몸에 살이 오르지 않는 삘기를 한 움큼 뽑아들고 큰어머니께 갔습니다. 나는 그 연한 살을 두 분의 입에 넣어드리고 진달래꽃을 꺾었습니다. 분홍빛 꽃 이파리들을 보며 나는 참으로 행복했습니다. 큰어머니는 내 머리에 진달래꽃을 하나 꽂아주고 방긋 웃었습니다. 빨래를 다 마치신 두 분은 샴푸도 아닌 새까만 비누로 머리를 감았습니다.

둑 위에 앉아 간간이 불어오는 바람에 머리를 말리며 두 분은 비밀스러운 말을 가만가만 하는 것 같았습니다. 아마도 호랑이로 소문난 할아버지의 시집살이가 맵다는 얘기였을 것입니다. 다 말린 머리는 윤기가 반지르르 했고 참빗으로 곱게 가르마를 타서 뒤로 쪽진 두 분의 모습이 참으로 고와 보였습니다. 두 분이 빨래를 나눠 머리에 이고 넘었던 들버지 고개를 다시 넘으면 고향 마을이 저 만치서 우릴 기다리고 있습니다.

도도하고, 콧대 높고, 조상의 자랑과 그 후손의 긍지로 오만한 우전리, 법도와 예의범절 봉제사 접빈객의 사명을 끔찍이도 지키며, 청빈을 목숨처럼 사랑하고 수호하는 자손들이 사는 마을, 그곳이 내 유년의 천국임에 틀림없습니다. 어느 누가 자기의 고향을 사랑하지 않겠습니까 마는 전설처럼 옛 이야기처럼 아름다운 내 유년의 추억은 내 인생에서 정신의 황폐를 예방하고 치료하며 머나먼 길 걸어와 버린 지금에도 소중한 약속이 되어 줍니다.

내 당장 돌아간다면 지금도 삼경 야밤 중에 제사를 지내기 위해 무던히도 많이 모인 동네 사람들을 볼 수 있을런지요. 새로 온 문객에게 돈부를 넣은 송편을 빚어 드리고도 아쉬워하는 그 넉넉한 모습을 볼 수 있을런지요.

사랑방에선 땀땀이 처녀의 꿈을 수놓아 베갯모, 횃대보, 바늘집을 만들어 내던 규절들이 모여 있을지요. 그 김이 모락모락 나는 고구마를 앞에 놓고 서로가 권하던 인심 좋은 내 고향 우전리, 울 너머로 넘나들던 음식들이며 막걸리 걸러 나눠먹던 이웃들이며 온 동네가 내 집 같고 내 형제 같았던 그곳 사람들이 지금도 그렇게 살고 있을런지요.

그 아늑하고 품속 같은 곳에서는 올곧고, 슬기롭고 부모를 공경하는 효자효부가 잇달아 나왔었지요. 할아버지의 기침 소리에도 놀라는 큰어머니의 짠한 가슴이 담긴 곳, 봉창문의 담뱃대를 살피던 어머니의 눈치가 서린 곳, 그래서인지 그곳은 늘 그리움으로 다가옵니다.

이제 날 업어주던 할머니도 안 계시고, 앞다지 문을 열고 그 달콤한 사탕을 꼭 하나씩만 나눠주시던 할아버지도 안 계신 곳이지만, 그곳은 내 유년의 놀이터이자 그리움의 산실입니다. 내 세상에 사는 동안 영원히 잊지 못할 내 고향 우전리, 그래서 이렇듯 봄이 오는 사월이면 어김없이 내 유년의 천국이 삼삼히 그리워집니다.

날 새워
추억하기

그 집은 비어 있었다. 아니, 아무도 살지 않은 빈집이라고 해야 옳을 것이다. 마당엔 잡풀이 무성하고 창호지는 빛바랜 채 찢기어 있었다. 방이래야 둘 뿐이었지만 대청마루가 덤으로 있으니 손보면 그런대로 살아 볼만한 아담한 집이었다. 지금은 문명이 발달해 스위치 하나만 누르면 불이 켜지고 버튼 하나만 만지면 방이 따듯해지는 세상이니 누가 그런 집에 살며 사서 고생을 하느냐고 사람들은 비웃겠지만 그래도 지금같이 삭막한 세상에 가만가만 피어나는 채송화처럼 정다운 옛날이 거기에 있으니 그 얼마나 좋은가.

아침이면 아궁이에 불 지펴 굴뚝에 연기 쿨럭이게 하고 마당에 물 흩뿌려 싸리비로 구석구석 쓸어 놓은 다음 상쾌한 기분으로 동네 한 바퀴 휘돌아와 좁은 골목 들어서면 흙냄새 진욱한 토담이며 열쇠 걱정 안 해도 대문은 늘 열려있으니 그 아니 좋겠는가.

꿈 많은 소녀 시절에 나는 백설공주에 나오는 난쟁이 집 같은 별장에서 살고 싶었다. 그러다 어린 처녀가 되면서는 고래등 같은 기와집에서 열 두 칸 청마루를 스란치마 끌며 거닐고도 싶었고, 후원 연못가에 곡식을 뿌려서 철새가 날아들게도 하고 싶었다. 하지만 그런 꿈은 살아가는 동안 나도 모르는 사이에 사라지고 지금은 초가삼간을 지어 살고 싶으니 어인 일일까. 장소는 어느 곳이어도 좋겠으나 내 친구들과 과히 떨어져 있지 않은 교외의 나직한 산기슭이면 좋겠고 개울이 흐르거나 냇물이 지나가는 곳이라면 더욱 호사로울 것이다.

그런 곳에 나직하게 엎드린 초가삼간을 지어 방 하나에 부엌 하나, 그리고 내 친구들이 놀다갈 제법 넓은 거실하나 있으면 충분할 것이다. 주위에 둘러칠 담은 개울에서 세월만큼 모가 깎인 동글동글한 자연석을 주어다 패어져 무늬진 문양을 보기 좋게 맞추어 쌓으면 더욱 좋으리라. 지붕에는 꽃핀 갈대나 산대, 또는 싸리나무로 이엉을 엮어 두고 수숫대로 사립문을 만들어 여닫으리라.

볕바른 곳에다 장독대 만들어 옹기종기 놓아두고 된장이며 간장을 넉넉히 담아 오가는 사람들에게 나눠주면 좋으리라. 그 옆으로 몇 발자국 건너뛰어 내 고향 뒤란에 있었던 우물도 팔 것이다. 그래서 두레박으로 물을 길러볼 것이며 우물가에다는 토닥토닥 빨래 방망이질을 했던 널따란 돌도 놓을 것이다. 그래서 마음껏 걸래도 내리쳐 빨고 양발같이 얇은 옷도 자근 자근 두드려 볼 것이다. 뒤뜰에다가는 상치나 쑥갓 아욱 따위의 채소를 심을 것이며 그 옆에다는 고추와 들깨도 심고 오이와 호박도 몇 나무 심어 내 좋아하는 사람들이 오가며 따 먹게 하리라. 사립문은 늘 열어두고 안팎으로는 온갖 꽃을 심어 집 주면을 환하게 해 놓고 친구를 기다리리라. 이따금 내 부모 형제들을 불러서 상치가 잘 자랐으니 상추쌈을 먹으러 오라고 할 것이며, 봄 논에 개구리 소리가 한창이니 와서 들으라고 조를 것이다. 그 뿐인가 갖가지 효소를 담아 준비해 놓고 마음 통하는 사람들과 건강에 좋다고 마시며 문학을 얘기하고 살아온 날을 추억하며 배가 아프도록 웃어볼 것이다.

그리고 함께 앉아서 봄날 눈 녹는 소리며, 여름밤 소나기 따르는 소리, 가을밤 달빛에 서럽게 울어에는 풀벌레 소리도 함께 들을 것이다. 겨울 해 짧은 볕에 지붕의 눈이 녹아 고드름이 되고 고드름이 녹아 흐르는 낙숫물 소리도 보탤 것이다. 그러다 밤이면 베개에 귓볼 대고 뒤란에 시누대 몸 비비는 소리와 풀벌레들의 작은 소리까지 들어볼 것이다. 가끔은 꽃내음 보다는 마른 풀 냄새가 가득한 들길을 혼자 걸으며 침묵으로 말하고 눈을 떠야 보이는 세상을 눈을 감고 고즈넉이 그려보리라.

따스한 봄날 난이 아니어도 좋은 들풀을 하나 캐어다 화분에 심어놓고 아침저녁으로 물을 주고 길러볼 것이다. 그리고 어둠이 땅속까지 적시기를 기다렸다가 비로소 등불 하나 켜놓고 주위에 일어난 일이란 일은 모두 편지지에 수놓아 들풀 냄새 물씬한 공기 듬뿍 담아서 내 좋아하는 사람들에게 보내리라.

어느 날은 시간을 넉넉히 잡아 촛불을 켜서 방안을 적당히 어둡게 하여 아랫목에 편히 누워 아직도 두근거리는 가슴으로 남아있는 어릴 적 고향을 한정 없이 추억해 보리라.

꿈 많은 소녀시절, 팔베개하고 풀밭에 누워 별을 헤던 내 친구들과 그리고 그 주위에서 장엄한 연주로 우리를 들뜨게 했던 풀벌레들…….

우리가 누웠던 꿈꾸던 풀밭은 항상 보료처럼 포근하고 아늑했었다. 두 팔을 쭉 뻗어 손에 잡히는 대로 풀을 뜯어보면 그리도 보드라운 풀잎의 감촉, 그것은 갓난아기 젖살 같았다. 어찌 감촉뿐이었겠는가. 풀잎마다 각기 다른 향기 또한 자연이 만들어낸 기막힌 향수였었다. 눈을 감아도 내 식구 내 형제들을 알아보듯이 나는 풀잎마다 다른 감촉과 그 향기를 일일이 감지할 수 있었으니 참으로 다행한 일이 아닐 수 없었다.

달빛을 머금은 풀밭을 가만가만 살펴보면 도란도락 속삭이는 소리가 들려오고 그 작은 소리에 귀기울이다보면 나는 가끔 내 인간 됨이 저 하찮은 풀만도 못하다는 생각이 들 때가 있었다. 마소의 험한 말발굽에 채이고, 무지한 초동의 낫에 갈기갈기 잘리어도 소리 한번 지르지 않고 다시 새살 올려 잎을 기르는 풀들의 넉넉함이 어린 나는 늘 부러웠었다. 억수 같은 빗줄기에 사태가 나고 극심한 가뭄에 이파리와 뿌리가 고사되어가도 묵묵히 참고 견디며 불평 한 마디 하지 않는 그 인내가 참으로 거룩해 보였었다.

욕심을 부릴 줄도 그렇다고 시새워 남을 짓밟고 혼자만 잘 살아 보겠다고 기를 쓰지도 않았으며, 그저 오순도순 정답게 한데 어우러져 잘 살다가 무성하게 자라서 끝내는 꽃을 피우고 열매를 맺고야 마는 게 풀꽃들의 생리였다. 아아, 그 흐드러지게 피었던 유채꽃밭에 노닐던 벌과 나비, 그리고 예쁜 우리들. 삐비꽃 한 움큼 뽑아들고 논둑길 밭둑길 걷고 걸으며 희망을 노래했던 그 시절도 내 고향에 있다.

여름이면 초록빛 여울로 일어서는 바람 따라 바닷가를 찾은 뱃고동 소리가 오페라의 첫 장을 여는 듯 장엄하게 울려 퍼졌었다. 그 주변에 있는 갯바위를 따라 한 바퀴 돌아들면 기묘한 벼랑 끝에 선 풍란 향이 감돌고 돌아오는 뱃길 일몰의 풍치는 그지없이 아름다웠다. 그렇게 바닷가에서 놀다 미치게 고운 산나리 꽃을 한 아름 꺾어들고 어스름과 함께 집을 찾아들면 버선발로 내달으시며 "온 동네를 다 헤집고 다녔는데, 어딜 갔다 이제 오냐"며 날 꼭 안으시던 어머니의 살 냄새, 젖 냄새, 그 무명치마에 배인 밥풀냄새는 지금도 못 견디게 그리운 것들이다. 이처럼 섬 생활은 처마 밑에 매달린 호박고지처럼 소박하고 담백했다. 아무리 헐벗고 가난하여도 심성 착하고 순하여 험한 노정 세상살이 그냥 저냥 웃어넘기던 물고구마 같은 내 고향 사람들, 가진 것 없지만 마음만은 부자라는 태평시절, 천진한 웃음들이 거기 있었다.

지금도 부정이라는 것을 보면 서릿발 치던 그 성미 여태껏 간직하고 있는 정수오빠와 "사람 사는 세상이 다 그런 거지 뭐"하며 숨죽여 말하던 금식오빠, 그리고 "목숨이 질겨서 후손 보기 민망하다"는 옆집 할머니가 아직도 함께 어울려 사는 내 고향 우전리, 세상사 별것 아니더라고 취해서 돌아오신 내 할아버지도 안 계신 고향을 그래도 나는 밤을 새워가며 추억하고 싶다.

진양조로 풀어지는 몽울진 세월 속에서 나는 그 아련한 추억 같은 집을 지어 훈훈한 가정과 뚝심 하나로 살아가는 소박한 고향 사람들까지 불러 취나물 고사리에 참기름 듬뿍 넣어 무치고 아욱 뜯어 된장국 구수하게 끓여 먹으며 모진 놈의 세상살이와 허리끈 졸라매고 못 먹고 못 입어 세워 논 이내 나라를 이 모양 이 꼴로 만들어 놓은 그 고매하고 거룩한 사람들을 논해 보리라.

사람이 절제와 인내로 고된 삶을 사느라고 한 평생 땀 흘려 일하고 나서 자신을 위하여 요만한 멋과 사치도 누리지 못한다면 운명이란 인생이란 얼마나 잔인할 것인가. 그래서 때가 되면 이런 한가로운 꿈같은 생활의 사치와 호사를 포식할 수 있도록 초가삼간을 지어 그렇게 살고 싶은 것이다.

고향집

세상에 고향처럼 정겹고 아늑하며 포근한 느낌이 드는 곳이 어디 또 있을까. 제 아무리 기막히게 좋은 환경에서 부러움 없이 산다고 해도 고향은 늘 그립고 아름답게 가슴을 파고드는 곳이다. 그래서 고향이란 소리만 들어도 가슴설레이는 그리움이 물밀 듯 밀려오는 것일까.

시냇물 소리가 음악처럼 들리던 내 고향 우전리는 그림같이 아름다운 조그마한 섬 마을이다. 그때는 어렵던 시절이었지만 때 묻지 않은 정서가 있었고 다정한 친구들이 있었다. 흙 냄새 넉넉히 피어오르고 나비 떼가 봄을 몰고 와 진달래의 단잠을 깨우던 날이면 우리는 소풍을 갔다. 그런 내 고향이 그리워 집을 나섰다. 차와 배를 번갈아 타고 벅찬 가슴으로 들어선 고향은 누구 누구가 연분났다는 소문만큼이나 왕성한 자생력을 지녔던 육십 년대 후반을 분수령으로 자꾸만 초라해져가고 있었다.

산업화의 물결로 젊은이들이 고향을 등졌기 때문이다. 백 이

십여 호에서 팔십여 호로 줄어든 가구 수며 들길과 마을 안길을 메우던 사람들도 이젠 얼굴을 볼 수가 없다. 보통 삼·사대가 함께 모여 살았던 그때와는 달리 지금은 고향의 마지막 세대가 될지도 모르는 노인들만이 마을을 구성하고 있으니 시설 없는 양로원을 연상케 하는 고향의 고요가 너무나 쓸쓸하다.

내 할아버지, 아버지 그리고 내가 태어난, 그 어른들의 우주와 자연을 교감하며 내가 자란 우리 집을 꿈속같이 보고 있으니 사십 오 년 전에 돌아가신 할머니가 적막을 밀어내고 버선발로 황급히 내달으며 반기실 것만 같아 가슴이 뭉클 했다. 엄하기만 하셨던 할아버지의 큰 기침소리와 큰어머니가 돌리던 물레소리도 금방 들릴 것만 같았다.

안채와 별채, 그리고 건너 채에서 사대가 한데 어우러져 살았던 우리 집은 늘 소란스러웠다. 지금은 헐어진 담벼락이며 연기 끊어진 굴뚝에 무성한 거미줄, 거기에 언제 적 주검인지 작은 바람에도 출렁이는 날벌레의 잔해가 비애를 안겨 준다. 옆으로 돌아가니 또 하나의 적막이 된 헛간채가 그 시대의 유용하게 사용했던 물건들을 한 아름 안고 쓸쓸히 앉아 있었다.

인공 때 셋째 고모님이 피신해 숨어 있었다는 우람한 독을 중심으로 작은 독과 키, 바구니, 골 망태, 떡메, 그리고 크고 작은 채반들이 먼지 속에서 뒹굴고 있다. 그것들은 한 동이 우물물을 남 먼저 길러와 하루를 시작하셨던 할머니 시대의 동행이었으며 내 유년의 구체적인 평온의 색채들이기도 했다.

어느 핸가 제사상에 올릴 시루떡에 손을 댔다가 나는 할머니로부터 심한 꾸지람을 들은 적이 있다. 제사가 있는 달엔 온 가족이 부정한 것을 먹지도 보지도 않았으며 정성껏 준비된 제물에 입을 댈 수조차 없었다. 일상 중에서도 여자는 새벽에 남의 집에 가지 않았고 남자들의 아침 길을 끊지 않았으며 해가 진 후 대문 밖으로 곡류나 찬을 내가지 않았다. 그 뿐이 아니었다. 집안에 임산부가 산달이 되면 된장이나 간장을 누구와도 나눠 먹지 않았다.

할머니의 엄한 주문에 의한 법 가운데는 여러 가지가 있었다. 아버지나 남동생들의 발끝 하나라도 가로 넘지 못하게 했으며 낡은 입성일지라도 남자의 옷은 여자의 속옷과 함께 삶지 않도록 했다. 그러고 보니 주로 남자를 위한 기원에 연계된 할머니의 가르치심엔 금기사항도 많았던 것 같다.

언제나 하늘이 지켜보고 있다는 것을 늘 강조하시던 할머니의 삶은 남존여비 사상 이전의 사랑을 바탕으로 즐겨 행한 낮은 몸짓이며, 또 내게도 그리하길 바랐던 게 아니었나 싶다. 그리고 할머니는 새벽에 깨어 부엌 한 귀퉁이에 놓인 항아리에 물을 가득히 채우고 나서 할아버지가 손수 만든 수수비로 마당과 길을 말끔히 비질하시면서 “소복은 재근이다. 내 복이 작으면 심히 꿈적여야 하니라”고 풀이까지 붙이셨다. 그 말씀 속에는 행복은 반드시 근면이란 길을 걸어온다는 뜻이 내포되어 있음을 나는 살아가며 깨닫게 되었다.

내 어릴 적 유일한 놀이터인 뒤란으로 발길을 돌렸다. 고스란히 새들의 먹인가 된 고목의 붉은 연시들은 그 자체가 동양화 한 폭이었다. 가을이면 흠 없고 모양 좋은 것들은 어른들 몫으로 돌아가고 우리들은 가치가 없는 감을 나눠먹었는데 늘 부족해서 네 것이 크네, 내 것이 더 적네 하며 토닥거렸다. 그런데 지금 내 앞에 서있는 딸 사람도 먹을 사람도 없는 그 동양화 한 폭 같은 감나무는 격세지감을 느끼게 한다.

집 동편을 돌아드니 걸이에 헌 멍석들이 걸려 있다. 잘 말아진 멍석 구멍 속은 한 머슴아가 열심히도 보내준 유치한 사랑을 은밀히 숨겼던 곳이다. 지금은 어디에서 불혹을 살아가는지, 그때 그의 간절했던 눈빛이 어슴푸레 되살아난다.

할아버지의 매서운 눈총을 비낀 그 짜릿한 음모의 깃발을 날리며 사립문을 밀던 유년의 사랑놀이, 조금은 서툴고 어설프기는 했으나 때 묻지 않은 아름다운 놀이였다. 어쩌다 그와 눈이 마주치기라도 하면 가슴이 두근거리고 옷깃만 스쳐도 큰 죄를 지은 것처럼 가슴이 뛰던 유년의 사랑은 할아버지의 금제(禁制)로 한 가닥 희망이 되기도 전에 끝이 나 버렸다.

그러나 사는 동안 내 할아버지와 할머니는 늘 그리움이었고 나의 철없던 시절의 열풍 같은 사랑놀이는 치료하기 힘든 가슴앓이였음을 나는 부인하지 않는다. 어려웠던 시절, 할머니의 지혜와 생활 자세는 내 몸의 어딘가에 담겨 있다가 고난이 왔을 때 구원이 되어 살아나고 있으니 참으로 다행한 일이 아닐 수 없다. 주변의 모든 존재가 미미해진 내 고향, 이곳의 또 하나의 폐가가 될 우리 집, 이곳을 중심으로 생겨난 아름다운 추억들은 이렇듯 하나도 손상되지 않았는데 내 고향만은 쓸쓸한 적막으로 가득 차 있는 것이다.

모든 사람들은 고향이란 소리만 들어도 그 옛날 할머니를 떠올리고 어머니를 생각하며 그곳에 가고 싶어 한다. 우리 인생의 계획을 세운 근원지이므로 언젠가는 도시에서 시골로 가는 인구가 늘어나 고향은 적당히 소란스럽고 적당히 넉넉했으면 참으로 좋으리라.

그리하여 폐가의 지붕이 보수되고 길 또한 말끔히 닦이며 잊고 있었던 이웃들이 하나 둘 모여들면 얼마나 좋을까.

쓸쓸한 마음으로 집과 작별인사를 하고 나오는데 땅거미에 에워싸이는 우리 집 마당에 풀기 없는 바람 한 점이 가볍게 몸을 풀며 지나간다.

고향바다

고향의 바다에 왔습니다. 혼자서. 그러나 혼자라는 말이 일깨워 주는 자유로움과 홀가분함 그리고 약간의 쓸쓸함으로 이곳에서 이틀을 머물다 갈 예정입니다.

내 살아온 반생의 때, 그 얼룩을 빼내기에는 이틀은 실로 너무나 짧은 시간입니다. 더욱이 깊어가는 나이에 바다의 기백과 피할 수 없는 바다의 영혼과 정열을 충전 받기는 가당찮게 부족한 시간입니다. 그러나 내게 허락된 이틀 동안 나는 새로이 태어난 몸과 마음이 되어 돌아가고 싶습니다.

옥색이 그대로 물들어 버릴 것만 같은 저 바다에 심한 상처로 피고름진 마음을 담궈 보렵니다. 그렇게 몇 번이고 담그다 보면 마음이 정말 옥색으로 물들어 버릴지 누가 압니까.

휘몰아치는 바람 속에서 흰 거품 물고 미친 듯이 달려와 주저 없이 무너지는 산더미 같은 파도를 보니 대륙을 휩쓸던 절대한 젊음을 언을 것만 같습니다.

그러다 파도를 끌어다 쉴새 없이 내던지는 바다의 그 힘 있는 열정에 내 마음은 이미 감격하고 있습니다. 내 비록 몸은 약하고 가슴이 작은 여성이나 바다가 불러내는 끝없는 야망의 소리에 서슴지 않고 달려가는 파도의 용맹을 배우고 싶습니다. 자꾸만 오그라들고 자꾸만 작아지던 나는 바다의 출렁거리는 그 원대한 포부와 기량에 힘이 솟는 듯합니다.

파도가 지나가는 모래 위를 맨발로 걸어봅니다. 촉촉한 물기가 발바닥을 타고 싸하니 가슴까지 올라옵니다. 아련한 수평선을 바라보고 있으니 흔적 없이 감겼던 세월이 한 가닥 풀어집니다.

소녀시절 동무와 나는 여기서 조개껍질로 목걸이를 만들고 모래성도 쌓고 엄마 아빠 놀이도 하며 신나게 놀았습니다. 파도를 따라 달려가다 밀려오는 파도에 발목을 잡힐 때면 동무와 나는 발을 동동 구르며 숨이 넘어가도록 웃었습니다. 고사리 손으로 모래집을 지어 동네를 만들고 나무와 풀들을 꺾어다 꽃밭도 만들어 놓고 우리는 한 세상을 살았습니다. 그러다 밀물이 밀려와 동네는 순식간에 침몰되고 말아도 허망해 하지 않았던 것 같습니다. 그 아련한 추억이 오늘, 모래밭 위에 안개처럼 피어납니다.

천차만별의 빛깔로 아픈 삶이 번지는 사람 사는 세상, 나는 그 아우성치는 한복판을 겁 없이 지나와 버렸습니다. 지나오다 만난 그 아픈 빛깔이 오늘, 이 가을 바닷가로 나를 홀려낸 것입니다.

모래알 속에 깊이 묻혀 아직도 삭지 못하고 내 눈앞에 모이는 아름답고 찬란한 언어들 그 언어들이 만들어 놓은 추억으로 나는 가슴이 저려옵니다. 그러면서도 나는 어찌하여 그 아련한 추억을 떠올리는지 모를 일입니다. 가끔 내가 이 고향 바닷가를 찾을 때마다 아름답던 시절이 되살아나 할 수만 있다면 나는 그 때를 곱게 바래서 가슴 깊이 간직하고 싶습니다.

바람이 꼬리를 감춘 오후, 용트림하던 바다의 함성이 잔잔히 가라앉았습니다. 우짖는 물새조차 조용히 나래 접은 침묵으로 경건한 바다를 보니 베갯잇 적시는 사랑의 아픔도 세월이 흐르고 흐르면 저 바다의 잔잔한 평온같이 가라앉을 것 같습니다.

언제나 꿈틀대는 그 뜨거운 가슴을 지녔으면서도 저렇듯 의연한 바다의 호연지기 앞에 나는 조용히 손을 모으고 두 무릎을 꿇어앉습니다.

나의 신념, 나의 야망, 그리고 내가 사는 방법이 과연 옳은 것인가를 묻고 싶어집니다. 한 목숨 송두리째 던져도 좋을 사랑이란 어떤 사랑이며 그 사랑은 어떤 빛깔을 가지고 있는지도 알고 싶어집니다.

세상의 피와 땀으로 얼룩진 황금과 지위가 내뱉는 끈끈한 원망소리가 아닌 태초의 말씀같이 신선하고 웅장하게 울리던 바다의 그 소리는 어둠에 익사할 것 같은 내게 빛으로 다가왔습니다. 찬란히 꽃피운 봄날의 아름다움도 무성했던 잎들의 이야기도 이 가을의 표정 앞에선 조용히 몸을 돌리듯, 새로운 인생을 향하여 자리를 옮겨봅니다.

태풍이 몰아치던 그 어마어마한 공포의 바다, 마술에 걸린 여신의 잠결 같은 바다, 통키타 선율에 마구 번득이던 청춘 같은 열정의 바다, 순간순간 다르게 변신하는 바다, 그 다면체의 능력을 보면서 비로소 인생은 위대한 예술이여야한다고 생각합니다. 정직한 야망을 위해서라면 울고 사랑하고 불타오르며 한탄하는 삶의 짓거리에 율리시즈처럼 대담해져야 한다고 팔을 들고 태양처럼 솟아오릅니다.

좁은 계곡, 찰랑대며 흐르는 여울물에 발을 담그고 그 잔잔한 나뭇잎 사이로 하늘을 바라볼 때는 도저히 느껴지지 않았던 담대한 삶의 자세를 바다는 가르치고 있습니다.

오대양을 거침없이 달려온 파도가 지금 내 발가락 사이를 빠져나갑니다. 이 부드럽고 신선한 감각에 내 마음은 이미 새롭습니다. 바람은 어느 한 자락도 소리 내지 않으며 바다 위를 그저 평온한 차림으로 배회합니다. 가끔 거센 비바람도 한조각 구름 속으로 들어가 버리면 잠잠해지듯 삶의 고통 속에서 사랑을 채굴하던 내 마음도 지금은 깊은 바닷물 속에 묻혀 잠잠합니다.

무섭도록 과거만을 향해 질주하던 생각들도 은은한 옥색으로 채색되어 눈앞에 어리던 아픔과 그리움들도 하나 둘 옥색으로 물들어 가고 있습니다.

고향연가 1

오늘은 고향생각이 많이 납니다. 계절 탓인지 그립기도 하구요. 그래서 모처럼 유년 시절의 이야기를 좀 해봐야겠어요.

전 이러면서 자랐어요. 아카시아 줄기로 머리카락을 말아 파마를 하고 고구마줄기로 목걸이를 만들어 걸고 대나무의 어린순을 잘라 거기서 나오는 물로 손톱에 매니큐어를 칠하였지요.

여름이면 아침저녁으로 울어대는 매미의 처절한 울부짖음에 귀를 막고 대낮이면 서늘한 나무 그늘을 찾아다녔어요. 그러다 보면 어느새 계절은 가을이 되곤 하였습니다.

시골의 가을은 바라만 보아도 풍성하여 한 해의 수확을 거두어들이는 기쁨 탓인지 조금은 여유로운 계절이 되곤 했지요. 지난여름 화순을 갔다가 아슴아슴한 어둠 속에서 낯익은 이파리가 보여 차에서 내렸지요. 설마 했는데 그것은 어린시절에 보았던 목화 잎이었습니다. 고향을 하얗게 수놓던 아카시아의 향기가 저물어 갈 즈음에 곱게 피던 그 목화 꽃의 잊을 수 없는 포근함이 그대로 전해왔습니다. 그 뿐인가요. 먹거리가 부족했

던 시절이라 목화의 어린 열매 다래를 따 먹곤 했는데 달작 지근한 그 맛은 그 시절을 지나온 사람들만이 아실 겁니다. 그곳에서 우연히 보게 된 목화의 이파리가 어찌나 반갑던지 한참을 들여다보았습니다.

계절 따라 수확기가 되면 땅콩을 캐고, 감자도 캐고, 벼 베기를 할 무렵엔 손으로 휘젓기만 해도 펄펄 날아다니던 메뚜기를 잡기도 했지요. 강아지풀 대롱에 메뚜기 목덜미를 꿰어 누가 더 많이 잡나 내기도 했었고, 그 시절에 흔하지 않았던 P.T 병에 꾸역꾸역 눌러 담아오기도 했습니다. 우리 동네엔 참외 수박밭이 꽤 많았는데 내가 잡은 메뚜기의 양이 많으면 동네 아제는 그 메뚜기를 참외와 수박으로 바꾸자고 했지요. 그러면 한 나절을 뛰어다니며 잡았던 메뚜기는 아제의 손으로 넘어가고 내 손에는 수박 한 덩이가 들려지곤 했어요. 지금 생각해 보니 어린애가 들고 갈 수 있는 수박의 무게는 그리 크지 않았다는 생각에 아제의 얄팍한 속셈이 들어다 보입니다. 아제는 그걸 석쇠에 구어 동네 어른들과 술안주로 드시며 땡잡았다는 듯이 뿌듯함으로 껄껄 웃었겠지요.

들녘에 지천으로 피어나는 들국화는 또 어떻구요. 향기도 향기려니와 각양각색의 색깔로 피는 들국화는 가녀린 외모보다는 이슬을 살짝 머금은 청초한 아침에 보면 신비에 가까울 정도로 아름다웠지요.

어느 사이트에 닉네임을 보랏빛 들국화라고 붙인 적이 있었는데 다수의 사람들이 들국화는 보라색이 없어요 라고 나름대로 자신 있게 말을 하더군요. 그렇지만 들국화는 보라색이 있습니다. 그것도 아주 은은한. 그런 들국화도 한 아름 꺾어 오고. 길가에 뿌리내린 코스모스도 꺾어 한 아름 안고 오면 우리 할머니는 '아가, 들에 피는 꽃은 여러 사람이 보라고 들에 피었는데 그렇게 몽땅 꺾어오면 쓴다냐' 하면서도 곱다고 어루만지곤 하셨어요. 할머니도 꽃을 참 좋아하는 여자임에 틀림없다는 생각이 들었지요.

코스모스의 짙은 자줏빛 꽃송이는 우리들의 장난감이 되기도 했어요. 흰색, 분홍색, 짙은 자줏빛, 그중에 짙은 자줏빛 코스모스 꽃송이를 뜯어서 손바닥에 놓고 비교적 엷은 색깔의 옷을 입은 내 친구의 등에 대고 힘껏 내리치면 내 친구 등에 한 송이의 코스모스가 피어나곤 했어요. 좀 아프기는 했겠지만 친구의 향기를 담은 코스모스가 피어나던 고향 우전리는 그런 추억으로 가득한 아름다움 동네입니다.

접시꽃이랑 무궁화꽃 이파리는 또 어떻구요. 꽃잎 하나를 뜯어 이파리 중간을 조심스럽게 가르면 둘로 나눠지는데 그 속엔 끈적끈적한 진이 들어있었어요. 그것을 콧등에 붙이면 영락없는 장닭의 붉은 벼슬이 되곤 했었죠.

그 따스한 봄날, 강아지풀을 중간으로 갈라 코밑에 콧수염으로 붙이고 다니던 내 동생은 종이를 만드는 닥나무의 이파리를 옷에다가 붙여 군대의 계급을 지 맘대로 정해놓고 대장을 했어요. 그 때는 그러면 대장인줄 알았거든요. 그리고 누나인 나를 이등병 취급하며 명령을 하면 나는 그래야 되는 줄 알고 고분고분 명령에 복종 하곤 했지요. 참, 질서 없는 그 명령을 받들던 내 유년의 추억, 생각만 해도 참으로 행복한 미소가 입가에 번집니다.

그러다 나이가 여물어 초등학교를 다녔지요. 세상을 배우는 첫 걸음이었는데 어린 나는 무엇이 그리도 좋았는지 공부하는 것보다는 새로운 세계를 접하는 게 즐거워서 한동안 정신없이 가방을 메고 학교를 다녔어요. 숙제거리로 코스모스 씨앗을 훑어 편지봉투에 담아 가던 빛바랜 추억과, 학교뒷산이 전부 밤나무 밭이었던 탓에 수업시간에도 몰래 나와 밤나무를 후려 갈겼으니 원. 그 토실토실한 알밤을 까먹다가 선생님께 들켜 머리통에 꿀밤이 여기저기 튀어나오고, 아직 여물지 않은 손바닥은 그야말로 수난의 시대였지요. 여름엔 그곳에서 친한 친구를 만들고 어린것들이 인생을 논한다고 떠들어 댔으니 지금 생각하면 참 괜찮은(?) 학생들이 아니었나 싶어요. 그 친구들 지금은 대학 교수가 되어있고 의사가 되어있고 농사꾼이 되어있고 또는 먼저 세상을 떠나기도 하고 누구의 남편으로 누구의 아내로 잘들 살더라구요.

그 시절에는 사람의 손으로 벼 베기를 하고 논에서 탈곡을 하였지만 농부들의 얼굴은 행복해 보였어요. 지금 월급쟁이들이 한 달에 한번 받아오는 급여가 그 시절 결실의 충만함을 얻어내던 농부들 같이 기쁠 수가 있을까요.

다람쥐도 함께 뛰어 다니던 산에서 도토리도 자루 가득 주어와 디딜방아에 넣고 쿵덕쿵덕 밟으면 껍질은 껍질대로 알맹이는 알맹이대로 분리가 되지요. 그렇게 걸러진 도토리를 맷돌에 갈아 할머니께서는 묵을 만드셨어요. 쌉쓰레한 맛을 지닌 갈색의 도토리묵은 그 당시 별미였어요.

일찍 밤이 찾아오고 아침 일찍 서리가 내리는 고향의 아침, 까치밥으로 남겨두던 홍시 한 개를 바라보며 입맛을 다시던 나를 보며 나눠 먹어야 복 받는단다 하시던 큰어머니의 음성도 그립습니다. 좋은 소식을 전해주려고 나뭇가지에 걸터앉아 울던 홍시의 수인인 까치는 올해도 남은 지신의 밤 한 덩이를 찾아 와 빛바랜 추억을 쪼아 먹을까요.

첫서리가 흰 눈 보다도 더 예쁘게 내리는 새벽에 일찍 잠에서 깨어나 쇠죽을 끓이던 아제의 손길이 조금씩 조금씩 더 빨라지면 어깨를 움츠리는 겨울이 성큼 다가왔지요. 그 겨울 초가지붕 끝에 매달린 고드름을 따서 아이스크림처럼 빨아 먹던 잊지 못할 유년의 추억, 유난히 희던 눈이 참 많이도 왔었지요. 아마도 놀이문화가 발달되지 않을 때인지라 눈사람도 만들고 눈싸움도 하며 그 시절을 보내라고 하느님께서 주신 선물이었지요. 나는 남자아이들처럼 들녘을 싸돌아다니면서 씩씩하게 자랐거든요. 요조숙녀처럼 조용하고 곱게 자라주길 바라는 어머니의 바람을 비켜선 채 선머슴아처럼 들녘을 휘젓고 다녔으니 하는 말입니다. 그래서 지금도 그 추억이 더 그립고 가슴에 남아있는 것 같아요.

지금은 엘도라도라는 콘도가 생겨나 옛날의 정취가 많이 사라졌지만 고향의 곳곳에 유년의 흔적은 조금씩 남아있으니 그나마 다행이란 생각이 들어요. 또 다른 세상이 생겨났다는 고향사람들에게는 그다지 좋을 것도 나쁠 것도 없겠지만 나는 내 고향의 또 다른 문화가 많이 낯설어요. 그것은 유년 시절 나와 함께 그 시절을 공유했던 산과 들녘 그리고 바닷가가 너무나 달라져서 일거예요.

그래도 이렇게 추억할 수 있는 고향이 있으니 얼마나 다행입니까.

눈만 감아도 아련히 떠오르는 아름다운 내 고향 우전리는 살아가는 동안 삶에 활력소이며 내 꿈의 궁전입니다.

고향연가 2

꿈같은 땅을 건너 눈 시린 하늘로 흘러가는 세월의 무게가 온 몸으로 전해온다. 나이가 깊어질수록 그리움으로 가슴을 채우는 것은 고향에서 자랐던 어린 시절의 추억인가 보다.

할머니의 무릎을 베고 누우면 눈 안에 가득 담겨지던 파란 하늘과 간간히 떠도는 하얀 뭉게구름은 또 다른 하나의 세계였다. 그 하늘을 보고 그 구름을 보며 나는 동화 속 같은 꿈을 꾸다가 할머니 품속에서 잠이 들곤 했다.

모깃불 피우던 여름밤이면 멍석위에 하늘을 보고 누워 별을 헤며 도란거리던 식구들과의 추억, 울타리 너머로 들리던 이웃집 사람들의 웃음소리는 별보다 더 반짝거리며 귓가로 파고들었다. 가난해도 행복했던 때, 서로가 나누고 서로가 보듬고 살았던 그 정스러운 사람들의 해 맑은 얼굴들은 잊혀지지 않은 그리움이다.

세월이야 저 혼자 가는 데는 막을 길이 없고 사람 또한 세월 따라 늙어가는 것도 막을 길이 없으니 우리네 인생살이가 어쩌면 나뭇가지에 잠시 앉았다가 날아가는 새와 같은 것인지도 모른다.

나훈아의 「고향이 좋아」라는 노래 속에는 고향과 타향에 대한 명확한 정서적 반응이 명시되어 있다. 고향에 갈 수 없는 남자가 향수를 달래며 술잔을 기울이고 있었던 모양이다. 그 때 곁에 있던 친구가 타향도 정이 들면 고향이라고 위로의 말을 건네는데, 향수를 달래던 남자는 버럭 화를 내며 강하게 반박을 했던 것 같다. 그것은 거짓말이라고 누가 뭐라고 해도 자신은 타향은 싫고 고향이 좋다고. 그 남자에게 고향은 그 어떤 장소와도 비교되어서는 안 되는 성스러운 곳일 것이다. 지금은 기억조차 희미하지만 영원히 간직하고 싶은 첫사랑의 기억처럼 소중한 곳이리라.

고향 그러나 기억은 기억일 뿐이다. 내가 태어나 뛰놀던 고향 마을은 이미 흔적을 찾아볼 수 없을 정도로 변해있다. 집들도 다른 모양으로 변하고 마을도 옛 마을이 아니다. 고향을 떠나 흩어져 사는 동안 나이 들어 얼굴이 변한 것처럼 생각도 모습도 다 변해있다. 서로 다른 길에서 살아온 세월이 그만큼 길어졌다는 의미일 것이다.

어린 시절 아침부터 저녁까지 함께 놀아도 그저 좋기만 했던 친구는 어느 새 대화가 통하지 않을 정도로 변해있다.

많은 생각과 시간과 열정을 쏟아 부었던 기나긴 바닷가는 조약돌도 조개껍질도 사라진지 오래다. 우리가 그리도 밟았던 은

빛 모래는 사람들의 욕심을 채우기 위해 머나먼 도시로 떠나버리고 일부만 남아 갯뻘과 싸움질이다. 그러다 밀물이 밀려오면 그 맑던 바닷물은 갯뻘물로 출렁인다. 모래성을 쌓고 조개껍질을 주어다 밥상을 차려 놓고 놀았던 유년의 추억은 맑고 밝게 떠오르는데 모든 것이 엉망이 되어버렸다. 사람들은 그래도 좋다고 여기저기서 찾아드는데 나는 어쩌자고 아무도 찾아오지 않은 조용하고 변하지 않은 그 바닷가를 그리워하고 또 돌담길이며 노란 볏짚으로 이엉을 만들어 이어놓은 그 초가지붕이 그리운 것일까.

바닷물 찰싹이는 소리를 들으며 나는 늘 바닷가에서 친구들과 조개껍질로 목걸이를 만들었고 조약돌로 집을 지었다. 그렇게 집을 지어 동네를 만들어 놓고 이 집은 내 집이네 저 집은 네 집이네 하며 소꿉놀이를 했다.

추운 겨울이면 아제는 이웃집 분이 아버지와 새벽바람을 가르고 이 바닷가에 나와서 그물로 고기를 잡아 바지게에 그만저만 하게 담아왔다. 아제는 잡아온 고기를 멍석위에 쏟아놓고 큰 것과 작은 것들을 크기대로 골라 똑 같이 나누었다. 분이 아버지는 우리식구가 더 많다고 한 무더기를 덥석 집어 우리 집 고기더미에 섞어버렸다. 서로 더 가져가라고 밀고 당기는 동안 고기들은 벌떡벌떡 몸을 비틀며 춤을 춰댔다. 그러다 아제는 슬그머니 다음에는 자네가 더 가져가시게 하며 손을 멈추곤 했다. 지금 생각해 보니 숭어였다. 작은 것은 살모치라고 불렸던 것 같다. 어머니는 소금을 솔솔뿌려 석쇠에 올려 아궁이 불에서 구워냈다. 고소한 맛이 부엌에 가득차고 나는 그 생선이 익기를 기다려 할머니 손을 잡고 어머니 눈을 피해 잘 구워진 생선 하나를 얻어내어 뒤란으로 돌아가 호호 불며 먹곤 했다. 어린 시절 그런 맛에 길들여진 나는 지금도 그런 생선을 좋아한다.

세월이 가도 이렇게 고향의 맛과 고향의 향수는 그대로인데 모든 것들은 제 자리에 있지 않고 자리를 떠나 버렸다. 아니다. 내가 놀던 그 자리에 관광객들이 몰려와 텐트를 치고 내가 오르던 동산에는 멋진 집들이 지어져 타향사람들의 보금자리가 되고 말았다. 동네 사람들은 부동산 투기꾼들의 속삭이는 소리에 귀가 멀어 문전옥답들을 다 팔아 도시에 있는 자식들에게 고스란히 바치고 급기야는 청소부로 식당 종업원으로 또 몸을 혹사 한다. 경치 좋은 곳은 타지 사람들의 몫으로 돌아가고 그나마 자리 잡고 살던 집터에다 시멘트나 돈이 좀 생긴 사람들은 한옥을 지어 펜션이란 퓻말을 붙여놓고 돈을 벌어들인다.

이제 돈 주고도 사지 못할 고향의 옛 정취, 그리고 아름답기만 했던 바닷가 모래알과 조개껍질들은 죽어도 잊지 못할 유년의 추억 속으로 숨어버렸다. 지금이라도 되살릴 수만 있다면 참으로 좋을 내 고향은 뭍에서 온 사람들 때문에 아픈 몸살로 몸져 누워있다.

홍옥에 어리는 추억

시장엘 갔다. 갑자기 새콤달콤한 홍옥이 먹고 싶어서였다. 과일가게를 여기저기 기웃거 봐도 그 새빨갛고 매혹적인 사과는 눈에 띄지 않았다. "꼭 찾아야 할텐데 어디에 숨어 있지" 하며 나는 온 시장을 들쑤시고 다녔다. 그걸 찾지 못하면 절대로 집에 돌아갈 수 없다는 생각이 나를 지배하고 있었기 때문이다.

그렇게 헤매기를 한 시간 반, 포기할까하고 뒤돌아서려는데 아! 하고 나는 소리를 지를 뻔했다. 시장 한 귀퉁이에 자리잡은 과일가게에서 홍옥을 발견 한 것이다. 그것은 마치 수업이 끝나고 교문 밖으로 몰려나오는 여고생들의 탄탄하고 싱그러운 모습처럼 아름다웠다. 이산가족을 만나는 기쁨에 비하겠는가 만은 그러한 심정으로 주인허락도 없이 사과 하나를 집어 들었다. 그리고 그것을 소중한 무엇처럼 가슴에 꼭 안았다.

"입덧하신가 봅니다."하는 아저씨 말에 아니라고 변명을 하려다 말고 고개를 주억거리고 말았다.

그랬다. 그것은 입덧이었다. 그 옛날 여학교를 다니며 먹었던 추억의 입덧, 그때도 그랬었다. 교문 앞, 아저씨의 손수레에 담겨있던 홍옥은 유난히도 빨갛고 반짝거려 우리들에겐 상당히 유혹적이었다. 우리는 에덴동산의 이브처럼 곧잘 그 유혹에 넘어가곤 했다. 가난한 우리의 호주머니는 차비를 재하고 나면 기껏 해야 사과 하나씩 손에 쥘 수 있을 만큼 가벼웠다. 그래도 사과 하나가 주는 마음 가득한 행복, 이미 우리는 세상에서 부러울 것 없는 부자가 되어 있곤 했다. 그렇게 손에 쥔 사과를 누가 먼저랄 것도 없이 교복치마 뒤쪽에 쓱쓱 문질러 닦은 다음 한 입 덥석 베어 물었다. 그때 아! 사과와 이빨이 교차하며 내는 사각 하는 그 소리, 그 새파란 소리와 새콤달콤한 맛은 온 몸에 진저리를 치게 했다. 마치 싱그런 여름하늘을 베어 문 기분이랄까, 그 신선한 맛과 사각대며 씹어지는 소리는 투명한 어름을 씹는 바로 그 소리였다.

그때 그 사과 맛이야말로 내 젊은 날의 맛이었다. 시고도 시렵고 몸서리 쳐지도록 안타깝고 위협적일 만큼 도도하게 위험스런 열정이 녹아 있는 맛, 그러나 싱싱하고 순결하여 예쁘고 유혹적인 맛이 그 시절 맛이었다. 그때는 늘 모자라서 아쉽고 궁핍해서 한 입 한 입 나눠 먹어야 했다. 그런 추억을 오늘 문득 한입 베어 물고 싶어 시장을 뒤진 것이다. 지금이야 지천으로 널려 있는 게 과일들이다. 모양도 다양하고 색채도 다채롭다. 어느 집 냉장고나 기본으로 채워져 있는 게 과일이다. 그러나 그런 과일들은 젊은 날에 먹었던 홍옥의 그 청량한 맛을 낼 수 없는 것들이다.

나는 홍옥을 제법 무겁게 담아들고 집에 왔다. 그런데 웬일일까. 물에 뽀드득 소리가 나도록 씻어서 한 입 베어 문 홍옥의 맛은 그때 그 맛이 아니질 않는가. 까르르 웃어대며 서로 입을 크게 벌려 좀 더 많이 베어 물고자 애를 쓰던 그 맛이 아니었다.

"입덧이 가시기는 진작 글렀군. 아저씨께 사과를 사면서 추억을 그리워하는 입덧이라고 말할 걸 그랬지."나는 중얼거리며 혼자 웃었다. 어찌해서 그때 먹었던 홍옥의 맛을 불혹이 지난 이 나이에 탐했던 것일까.

나는 이제 이 많은 사과를 어떻게 설명하여 신 것을 싫어하는 내 아이들에게 먹일 것인가. 혼자서 먹기엔 너무나 많은 양을 사와 버린 철없는 엄마의 속사정을 들키지 않으려면 이웃집 아낙들에게 그 옛날을 설명하며 협조를 구해야 할 것인가. 그런 고민에 빠져 있을 때 딸아이가 훌쩍 들어 왔다.

"아 예쁘다. 빛깔"

"맛도 그만이야. 어서 먹어."

아이는 한 입 아사삭 베어 물었다. 나는 그 아이의 표정이 이미 일그러졌을 거라는 판단을 하며 고개를 돌려 버렸다. 두 번째 사과를 베어 무는 소리가 들렸을 때에야 나는 아이의 표정을 살폈다.

"괜찮니?"

"예."

아이는 그 말 뿐 도대체 다른 말이 없었다. 몇 년 전처럼 시다거나 아니면 새콤달콤하니 맛있다거나 그런 말도 하지 않았다. 그래, 홍옥을 사온 원인을 설명하지 않아도 네가 사과를 먹어 주니 고맙고, 또 아들 녀석도 어쩌면 신맛을 잃어버렸을지 누가 알겠는가. 그 옛날, 과일이 턱없이 부족했던 시절, 그 간절하고도 달콤했던 맛을 짐작하기엔 아이들은 너무나 젊은 것일까. 아니면 그런 아이들에게 옛날을 기대한 내 욕심이 지나친 것일까.

아니다. 추억의 보따리를 풀어헤친 내 실수다. 이제 내 소중한 그리움 하나를 손실하지 않으려면 이런 실험은 다시 안 할 것이다. 하지만 오늘처럼 어느 날 문득 홍옥을 보면 떠오르고 말 그 싱그러운 추억을 어찌 다시는 안 할거란 장담을 하고 있단 말인가. 추억은 가끔 실험 중에 오류가 발생한다는 것을 나는 모르고 있었던 것이다.

"엄마 무슨 생각을 그리 심각하게 하세요." 하는 딸아이에게 "사과 생각" 하고 답안지를 제출하니 아이는 엄마가 이상하다는 듯 "사과 생각" 하며 고개를 갸우뚱하더니 방으로 들어가 버린다.

그래 너는 엄마보다 더 빛나는 추억을 만들어 가고 있겠지만 적어도 엄마가 홍옥을 갑자기 왜 이렇게 많이 사 왔느냐고 한 마디쯤 물어야 옳지 않겠느냐며 다그치고 싶었다. 하지만 이쯤에서 홍옥에서 오는 반란을 잠재워야 한다는 것도 알기에 나는 그만 슬그머니 가슴을 닫아 버렸다.

그리고 소쿠리에 뽀드득 소리가 나도록 닦아 놓았던 제일 예쁜 홍옥 하나를 골라들고 방으로 들어갔다. 이제는 아까보다 제법 폼을 잡고 그 시절 앨범갈피라도 넘기며 그 맛을 찾아봐야겠다.

만덕 아제의 세상살이

"살아간다는 것, 또 살아있다는 것, 그것은 내게 아무런 의미가 없어!"

작년 봄 고향에 갔을 때 노총각 만덕 아제가 한 숨에 섞어 뱉어놓은 말이다. 그는 6.25 때 온 가족을 잃어버리고 육십이 넘어버린 지금까지 피붙이 하나 없는 세상을 외롭게 살아온 분이다. 기막히게 고독할 때면 고향을 떠나 어디든지 방랑하고 싶었지만 할아버지와 아버지의 땀이 배인 조그마한 땅떼기가 마음에 걸려 차마 떠나지 못하고 살았다며 지나온 세월을 푸념처럼 늘어놓는 아제의 희끗희끗한 머리에 갈증 같은 고뇌가 스물스물 피어오르고 있었다.

어느 날 그는 작정을 했다. 이왕지사 농촌에서 살 바엔 부자나 되어보자고. 그때부터 그는 쟁기를 손에 쥐고 죽어라고 땅을 갈아엎었다. 생사람 잡는 엄동설한도 태양의 뜨거운 열기가 모든 것들을 녹여버릴 것 같은 여름 한 낮 더위도 아랑곳 하지

않았다.

젊은 날 모닥불처럼 타오르던 가슴도 억누르고 여귀풀과 미루나무가 어우러진 들판의 기막힌 유혹도 뿌리친 채 일에만 정신을 팔았다.

가난했던 어린 시절, 너무나 가난해서 밥 한 그릇 배부르게 먹어보지 못했던 설움을 잊기 위해 두 주먹을 불끈 쥐고 열심히 일했다. 배부르게 먹을 수만 있다면 못할 게 하나도 없었다.

고향에서 밤하늘 별빛을 쳐다보는 행복 말고도 늘어나는 땅과 불어나는 통장의 무게를 바라보며 그는 열심히 살았다.

가슴이 활화산 같은 청년들이 고향을 떠나고 마음에 두고 있던 옆집 순임이가 돈 많은 집으로 시집가던 날도 그는 가마가 지나가는 길 옆 밭에서 진한 땀방울을 쏟아내며 일을 했다.

순임이는 그가 처음으로 마음을 주었던 첫사랑이었다. 생활이 넉넉해지면 그녀 부모님께 순임이를 아내로 삼겠다고 말하려 했는데 그녀 부모는 제물에 눈이 멀어 부실한 사위도 마다하지 않았다. 그 덕분에 순임이 부모는 상당한 토지를 얻어냈다. 딸을 팔아 토지를 산 셈이었다. 그는 두고 보아라. 내 기어코 많은 돈을 벌어 부자가 되면 순임이 보다 더 어여쁜 색시를 얻으리라는 각오를 했다. 그러나 가슴에 잔물지며 밀려오는 순임이에 대한 그리움이 그를 고통으로 밀어 넣고 있었다. 시집가던 날 가마타고 그의 밭을 지나며 옷고름으로 찍어내던 순임이의 눈물을 잊을 수가 없었다. 온 밤을 하얗게 지새워도 꺼지지 않은 불덩이 같은 가슴을 쥐고 그는 이를 악물고 참았다. 참으면 되는 가슴인줄 알았다. 그러나 참는다고 가라앉을 가슴이 아님을 그는 그때 알았다. 그녀를 잊기 위해 숨소리조차 모질던 척박한 땅을 옥토로 바꾸고도 고단해 하지 않았다. 왜소한 자신의 초라함을 걷어버리고자 닥치는 대로 일을 하는 그의 모습을 보며 사람들은 안타까워하였다.

세월이 흐를 때 그리움도 덩달아 흘렀을까. 그가 순임이를 잊고 마음의 평정을 찾을 때쯤 그는 많은 땅을 가질 수 있었다. 땅뿐이 아니라 돈도 상당히 모았다. 그러나 그렇게도 원하던 부자가 되었을 때 그는 너무나 늙어 있었다. 목적을 이루려고 앞만 보고 뛰다가 젊음을 함께 잃었다. 네온사인이 유혹하고 말쑥한 신사복이 손짓하는 도회의 빛나는 문화생활에 이미 눈독을 들이던 어여쁜 처녀들은 그의 차지가 되지 않았다.

육십 평생을 무슨 광명천지를 보겠다고 그리 허덕이며 살았을까. 먹고살 걱정 없고 모든 것을 얻을 수 있는 재물이 많다한들 지금에야 무슨 소용이겠는가. 가을 들녘처럼 휑하니 비워버린 저 외로운 가슴을 이제 무슨 수로 채운단 말인가. 삼백예순날 피땀 흘려 건져올린 결정체도 그 가슴을 채워 줄 수 없으니 허망하기 짝이 없었다. 청춘도 포부도 이제 골 깊은 주름살 속에 파묻고 육자배기 한 가락 뽑아내어 무릎장단을 놓는 만덕 아제의 눈가에 조용히 머무는 미소는 무엇을 의미하는 것일까.

마른나무 가지처럼 굳어진 육신에는 술만한 기름이 없더라며 자꾸만 술잔을 비우는 그의 모습이 너무나 쓸쓸해 보였다. 얼마나 마셨을까. 그의 속눈썹이 떨리며 과거를 담아둔 앨범 갈피가 넘어가듯 건조한 입술을 타고 아팠던 과거와 허망한 현재가 그렇게 넘나들었다.

"백 살도 못 채우는 인생살이를 어쩌자고 이렇게 허망하게 살았을까. 무에 그리 숨 가쁜 일이라고 마음 놓고 깊은 잠 한 번 자보지 못하고 악의 뿌리라는 재물만 쫓아서 그리도 허덕였을까. 기가 막히네 기가 막혀 재주부리는 놈 따로 있고 돈 쓰는 놈 따로 있다던데 난 재주만 부렸지 돈 쓸 놈도 마련 못했으니 부질없는 삶을 산 셈이잖는가. 허허……."

술기운을 빌려 과거의 삶을 허망해 하는 그의 눈가에 이슬이 맺히기 시작했다.

일각이 여삼추 같은 세월이라 해도 청춘만 한 것이 어디 있다고 그리 서툴게 살았을까. 남들 다 하는 결혼도 못해보고 남다 거느린 피붙이 하나 없는 외로운 삶을 살아낼 만큼 부가 그리도 절실했을까. 내색 없이 살았어도 천질 만길 깊은 속일진데 어쩌자고 그렇게 이를 악물고 힘겹게 세월을 삭혔단 말인가.

난리 때 가난으로 굶주렸던 사람이 어디 아제뿐이었겠는가. 그런데 그것을 한을 삼아 육십 평생을 그 흔한 양복 한 벌 못 입어보고 사람이면 다가는 여행이 뭔지도 모른다니 자다가도 웃을 일이다. 자다가도 울 일이다.

그래도 가슴 선한 이웃 사람들이 울 너머로 넘겨준 먹거리 사랑이 지금도 끊기지 않고 있는 걸 보면 아제는 좋은 사람인 게다. 어쩌다 놓쳐버린 젊은 시절이 아쉽기는 하지만 자금 것 모았던 그 기막힌 돈으로 불쌍한 노인들을 위해 먹여주고 재워주는 양로원을 짓겠다니 얼마나 대단한 마음인가.

깊은 겨울 새끼 꼬다 닳아버린 손금 희미한 손으로 내 손을 꼭 쥐어주며

"신영아! 인생은 결코 길지 않더라. 그렇다고 번쩍이는 번갯불 같이 짧지만도 않더라. 돈이면 다 되는 세상인 줄 알았더니만 그게 아니더구나. 나는 아들 딸 낳고 오순도순 잘 사는 네가 정말 좋아 보인다. 그게 사람 사는 세상이고 아름다운 인생이며 보람된 삶일 거야. 내 그렇게 열심히 살았지만 지금 내게 남은 건 쑤시는 삭신으로 일기예보를 점치는 일뿐이다. 허망하지?"

아니라고 말한 가슴을 들키고 싶지 않아 나는 억지로 웃어 보였다.

내 살아보니 안타까울 것도 바랄 것도 없는 세상이던데 만덕 아제는 내 삶이 부럽다 한다. 북풍한설 몰아치는 맵고 독한 세상에 칼날처럼 설치는 모진 사람들이 있는 줄을 아제는 모르면서 그 세상을 그리워한단다. 결혼해서 동반자와 함께 걸었던 인생길은 금을 그어 놓고 가는 게 아니어서 가다 보면 어긋나고 너무나 어긋나서 힘들 때가 더 많았는데 아제는 그것도 모

르면서 그 세상을 환상처럼 생각하고 있었다.

그래도 보릿단이나 볏단 나르던 시절이 내게는 더 좋은 것을. 그 하늘에 달빛이 별빛이 그리고 스치던 바람이 내게는 참으로 그립고 좋은 것을 아제는 모르고 있을 게다.

그리 생각하는 만덕아제 앞에서 나는 고개를 끄덕일 수밖에 다른 도리가 없었다.

이미 희어져 버린 머리칼과 얼마 남지 않은 인생의 끝자리에 선 만덕 아제의 쓸쓸한 모습을 부드러운 남풍이 서서히 감아올리고 있었다.

연둣빛 잎새로 열리는 내 고향의 봄, 그 속에 나는 또 다른 하나의 추억을 배열하며 길을 나섰다.

2

가장 낮은 자리에서

가을이
깊어지면

가을이 깊어지면 세상의 많은 것들이 스스로 낮아진다. 나뭇잎은 땅으로 떨어지고 높이 달렸던 과일과 곡식은 곳간에 쌓이며, 강물은 바닥을 기듯이 흐르고 바람도 수면을 따라 낮게 분다. 우리 인간도 그렇다. 바람이 불고 추워지면 몸을 낮추고 고개를 숙인다. 어디 그 뿐인가. 가을에는 하늘만 바라보아도 물소리만 들어도 누군가가 그리워지고 어디론가 떠나고 싶어진다. 자신도 모르게 외로움을 타고 무언지 모를 허허로움이 가슴을 파고든 것도 가을에 나타나는 증상들이다.

시골집 뜰 안 대추나무와 감나무 가지에 까치밥으로 남겨둔 붉은 감과 대추알들만 보아도 마음이 스산해 지는 것도 가을이 주는 그리움과 외로움 때문이다. 또 가을은 한 때 내 안에 분화구를 남기고간 한 남자의 눈망울을 그렇게 하고 근원에의 물음이 저절로 살아나는 계절이기도 하다. 그러한 그리움과 추억이 어디서 무슨 까닭으로 스며 나오는지는 모르겠지만 가을은 그러한 신비로운 힘이 있다. 그래서 가을의 모든 시와 음악과 그림, 그리고 깊은 상념까지 유별한 감회에 젖어들게 한다.

가슴 설레이는 봄에는 새싹을 틔우고, 여름에 다다라서는 어여쁜 꽃을 피우더니 가을에 들어서면서는 열매로 그 결실을 맺어 한 생의 궤도를 보여준다. 이처럼 사계의 순환을 돌아 결정체를 만들어 내는 가을은 인간들에게 삶이 무엇인가를 깨닫게 한다. 이를테면 나이가 깊어가는 사람에게의 가을은 큰 의미을 부여하게 한다. 즉 인간의 삶의 끝인 죽음을 목적지로 하여 나는 어떠한 삶을 살아내고 있는지. 내게 세상과의 이별의 시간은 얼마나 남아 있으며, 이 아름다운 가을을 몇 번이나 더 맞을 수 있을 것인지에 대한 생각을 놓치지 않게 한다.

언젠가는 나도 이 모든 소중한 것들과 헤어져야 할 때 유감없이 그리고 선선히 수용할 수 있는 준비가 되어 있는가. 이런 근원적 물음과 탐색이 일게 하는 이 가을은 나로 하여금 우주, 사랑, 욕망, 죽음 이런 것들이 내게 무엇이며 어떤 의미를 갖는가를 묻고 있다. 이에 대한 확실한 답이 있는 건지 꼭 필요한 건지 알 수 없으며, 그러한 물음을 만나게 하는 이 가을은 이제 어떤 의미의 실마리를 찾을 수 있을지에 대한 의문을 제시한다. 그러나 나는 가을이 내게 주는 메시지는 희망의 결실이며 축복이라고 생각한다.

아침에 일어나서 느끼는 한 줄기 햇빛, 그것이 삶의 축복이요 특혜가 아니겠는가. 생성과 소멸과 환생의 순환 속에서 대자연이 주는 이 아름답고 다채로운 계절의 향기가 어찌 축복이 아니겠는가.

라흐마니노프의 피아노 협주곡 제1번과 부르흐의 바이올린 협주곡 제26번 그리고 소프라노 이네싸 갈란테가 노래하는 카치니의 아베마리아를 들어보면 자신의 정체성에 대한 성찰의 시간을 더욱 그윽하게 할 것이며, 어쩜 인생의 본질까지도 재해석될 수도 있을 것이다.

문학은 우리가 이 세상에 존재하고 있는 외로움과 슬픔을 끝없이 탐색하고 통찰하는 과정이라고도 한다면, 인생은 문학으로 승화하여 세상에 수렴될 수 있도록 그려내는 여러 형태의 그림이란 생각이 든다.

가을이 깊어지면 한 번은 서성이고 한 번쯤 목 놓아 울었던 어둠의 고독을 경험했다면 그 그리움의 한 모퉁이를 서성이며 아쉬워했다면 문학이라는 농사를 지을 수 있는 텃밭 하나쯤 마련해 두었을 것이다.

가을이 깊어지면 지인들과 음식점에서 담소하는 것 보다, 호젓한 찻집에서 혼자 커피를 마시는 게 더 어울릴 것이다. 호화로운 레스토랑 보다, 사람 냄새 나는 골목 오뎅 집이 어디 있느냐고 물어 시끌벅적한 곳에서 막걸리를 마시고 싶어 할게다.

그리고 유명 강연꾼의 특강을 듣는 것 보다, 독서실을 찾아가 고전을 더 읽고 음악회나 영화관을 가기보다, 베스트셀러가 된 책을 사러 영풍문고로 발을 옮기는데 시간을 보태는 것이

나쁘지 않을 것도 같다.

또 가족들과 여럿이 즐기는 모임보다, 남편과 나란히 앉아 멍하니 창밖을 바라보며 낙엽이 떨어지는 의미를 둘이서 말하며 사색하는 것이 더 의미롭지 않겠는가.

현란한 조명아래 유명 배우의 공연 보다, 스산한 바람소리 들리는 어스레한 들길을 걸으며 풀벌레 소리와 바람소리를 음악으로 듣는 것이 더 바람직할 것이다. 산 정상을 향해 등산하기보다, 바지 주머니에 양손 쿡 찔러 넣고 개울 주변의 잔디를 밟으며 추억을 말하고 추억을 만들어가는 것도 좋지 않을까.

나는 이런 가을이면 소파에 앉아 TV를 보기보다, 거실 불 끄고 창밖을 하염없이 바라보며 생각나는 사람에게 이메일도 보내고, 펜으로 편지를 써서 그리운 친구에게 띄울 것이다.

그리고 이런 가을이 더 깊어지면 그 누구를 사랑하기보다, 지난날의 추억을 더 아끼고 아름답게 키워보리라.

가을이
떠난 자리를
겨울이 채우듯

겨울에 보는 새벽 산, 갑자기 목덜미가 서늘해진다. 기분 좋은 싸늘함이라고나 할까.

나는 간밤에 뒤척이던 갈등의 검은 찌꺼기를 씻어내고 싱그런 향으로 마음을 채워 넣고 싶었다. 그렇게 마음이 채워지면 바라보는 모든 사물은 나와 긴밀한 연관을 갖게 된다. 그런 관계가 이어지는 시간 속에서 나는 그 모든 대상을 서슴없이 사랑이라 불렀고 그 사랑이야말로 내 인생에 있어 가장 빛나는 환희라고 생각했다.

사랑은 인간에게 주어진 가장 아름답고 위대한 축복의 선물이라고 믿었고 인간이 대하는 그 무엇에도 사랑이 없는 것은 곧 허무라고 느꼈기 때문이었다.

그러나 살면서 그 사랑이라고 부르던 모든 것들에 대해 나는 회의를 느끼게 되었고 인생이 무엇인지 아는 나이에 다다랐을

때는 정작 사랑해야 될 것들을 사랑하지 못했다.

살면서 기다리다 놓치고 하는 행위를 반복하면서 나는 아름다운 것들을 많이도 보내버렸다. 그래서 지금은 바로 앞에 있는 것, 마주 선 대상과의 철저한 만남을 절실하게 나누며 사랑하는 것이 내 삶의 한 패턴이다.

아름다운 미래를 꿈꾸다가 지금은 바로 앞에 있는 것들에 대해 애정을 갖는다고 해야 옳을 것이다. 그런 온정주의를 누군가가 꼬집어 이기주의적 행패라고 꾸짖는다 해도 나는 마음 다치지 않을 것이다.

세월을 상당히 걸러버린 지금에 와서 과거를 가만히 돌아보면 눈가에 웃음이 머문다.

진심으로 인생을 아는 나이, 성숙한 통찰력과 명상이 무르익는 나이가 되어가고 있는 것일까. 시간의 존귀함을 피부로 느끼며 열심히 살아가는 일은 젊음과 또 다른 아름다움이란 생각이 든다. 인생의 폭이 넓어진다는 것은 욕망의 폭이 아니라 사랑의 폭이 넓어진다는 것일 게다.

우리는 매일 거울을 보고 살지만 자신이 내부적으로 가지고 있는 것들은 잘 모른다. 사람은 본능적으로 자신을 사랑하고 있고 자기편에서 생각하기를 좋아하므로 자신의 결점과 변화를 인정하기 싫어하기 때문일 것이다.

오랜만에 만난 친구를 보면 많이 늙었다는 것을 알 수 있는데 늘 가까이에 있는 친구의 변화는 잘 보이지 않는 그런 것 말이다.

어느 날 우리 곁을 홀연히 떠나 버린 것들을 생각해 보면 그 때에야 소중하게 느껴지고 값지게 생각되지 않던가.

그러면서도 지금 우리 앞에 보이는 것에 대한 소중함은 정작 모르고 있으니 인간이란 우리의 삶이란 어쩔 수 없이 온전할 수 없을 것 같다.

그러면서도 베푸는 것에 대한 대가를 기대하고 그 기대에 못 미치면 가슴에 불을 담는 게 우리 인간의 모순된 모습이다.

그럼에도 불구하고 자연이 우리 인간에게 주었던 것들은 결코 값을 치지 않았던 것뿐이다.

하지만 우리 인간이 자연에게 주었던 모든 것들은 아픔과 상처뿐이란 생각이 든다.

온통 이기적인 바람이거나 욕심이 포함된 요구들로 하여금 자연은 얼마나 크나큰 아픔을 견디는지를 우리는 깊이 생각해 봐야 할 것이다.

가을이 비워두고 떠난 자리를 겨울이 이렇게 말없이 채우듯

우리도 가슴이 시린 사람들을 찾아가 난로보다 따듯한 그 무엇을 채워주어야 하지 않을까.

가장 낮은 자리에서

그랬습니다. 가장 낮은 곳으로만 흐르려고 애써 온 삶이었습니다.

가다가 흐름이 막히면 제 자리에서 맴도는 사고의 깊이를 재어 보고 어차피 돌아가야 한다면 제 아무리 멀고 험해도 돌아갈 수 있다는 사실 만으로도 나는 늘 감사 했습니다.

변개 시킬 수 없는 길목에서 부딪치는 나와 다른 체온의 이질감 속에서도 동행이라는 물살을 거스르지 않으려고 노력했습니다. 참담함에 숨이 막히고 이런 사람도 이런 세상도 있구나 하면서 가슴을 쥐는 일들인들 없었겠습니까. 너무나 아프고 너무나 억울한 것들로 온 몸에 상처가 나도 때를 기다렸습니다. 신은 항상 옳은 사람의 손을 들어주신다는 것을 믿었기 때문이었습니다.

그래도 호흡을 고를 수 있었던 것은 내 작은 손길을 누군가가 기다리고 있다는 것이 나를 늘 잠재웠습니다. 혹독한 열로

온 몸이 다치는 날이면 신은 내게 치유의 약을 건네셨고 다시 일어서서 뛸 수 있는 용기와 힘을 보태주었습니다.

누구나 필요하다면 가슴이 먼저가 나눠 주는 마음을 신은 내게 허락하였고 가슴이 버석거린 사람들에게 촉촉이 적셔줄 단비 같은 사랑을 내게 주셨습니다. 그런 것들을 고루 분배하며 최선을 다하고 온 힘을 쏟아내며 살았습니다.

내 삶은 그게 전부였습니다.

이 지상에 뿌리박고 산다는 이유만으로 폐수를 뒤집어쓴 실성한 수초들처럼 여기저기 두런거리던 소리를 듣고 살면서도 나는 억울하다는 말까지 아꼈습니다. 세상에 허락된 것들은 그 무엇도 가치가 없는 것들은 없었습니다. 다만, 그 가치를 저울질 하는 것은 우리 인간밖에 없는 것 같습니다.

산다는 것은 함께 공존하는 모든 것들과 하나가 되어 삶을 기르는 일이란 생각이 듭니다. 세상에서 귀하나 감춰져서 드러나지 않은 것들이 우리 주변에는 너무나 많습니다. 이름을 밝히지 않았을 뿐 가장 낮은 자리에서 가장 소외된 사람들의 마음을 어루만져주고 작은 것이라도 나누는 숨겨진 사람들이 참 많습니다. 그러나 사람들은 숨겨진 것보다는 드러나는 것들을 우선으로 꼽습니다. 서로가 앞에 서려고 다투다가 다치거나 상처를 입거나 하면서도 말입니다. 나만 최고가 되어야 한다는 그 그릇된 판단이 결국은 자신을 추락하게 만들고 주위를 혼탁하게 만든다는 것을 왜 모르는 것일까요. 살펴보면 세상에는 나보다는 상대가 더 우선이여야한 일들이 많은데 말입니다.

가만, 생각해 보았습니다. 내 삶을 내 인생을, 그리고 내가 가고 있는 방향을 말입니다.

내 몫보다는 상대의 몫을 챙기려 노력하고 살았어도 아직도 덜어내지 못한 많은 부피가 내 속에 쌓여있는 것 같습니다. 누군가를 위해 덜어내야 할 그 부피를 줄이기 위해 오늘도 나는 길을 나설 생각입니다. 그래서 더 가벼워져야겠습니다.

돌아보면 아쉬운 것들뿐이고 돌아보면 안타까운 것들뿐입니다.

후회하지 않은 삶이란 어떤 삶일까 하고 생각을 하고 또 생각해봐도 결코, 정답이 없는 게 우리네 인생인가 봅니다.

그래도 우리, 가장 낮은 자리에서 가장 힘겨운 내 이웃들과 어울려 따뜻한 마음 한 자락 넉넉히 풀어 놓고 산다면 참으로 좋지 않겠습니까.

그게 사람 냄새 나는 세상일 것입니다. 그게 어울려 함께 사는 세상일 겁니다.

국화 이야기

가을은 국화의 계절이다. 코스모스 길 따라 그리움으로 온이 가을을 가슴으로 사랑할 수밖에 없는 것은 국화꽃 향기 때문이다.

국화꽃 향기는 내 유년의 가난한 뜨락을 의미 있는 그리움으로 수놓아주었다. 가을이 오면 국화는 영락없이 뜨락 한 귀퉁이에 터를 잡고 노랗게 피어나 마당을 환하게 밝혔다. 너무나도 그 색이 선명하고 눈부셔서 그 속에 얼굴을 묻고 눈을 감으면 나는 어느 듯 향기에 취해 꿈속 같은 세계를 경험하곤 했다.

국화는 태초에 신이 꽃을 만들 때 제일 나중에 만들었다는 이야기가 있다. 무슨 이유인지는 알 수 없으나 꽃의 모양의 완성도가 꽃 중에 여왕이라 할 만큼 완벽하다고 한다. 국화는 들국화 쑥 등과 함께 우리나라 풍토에 잘 맞는 식물이며 우리민족이 식품과 약용으로 밀접한 관계를 가진 식물로 애착이 강하다.

모든 꽃이 시들어가는 가을의 추위와 서리에도 우아하면서

도 화려한 자태를 뽐내는 까닭에 그 모습이 지조 굳은 충신이나 절개 높은 여인에게 비유되기도 한다. 매화 난초 대나무와 함께 국화는 사군자로 불리기도 하는데 굳이 사군자의 하나임을 거론하지 않더라도 많은 시와 문학 등 예술 대상이 되어 우리들의 영혼까지 풍요롭게 한다. 국화는 오랜 기간 우리들 삶 속에서 동화되어 있는 식물이며 아름다운 꽃이다.

늦가을 저녁 마음속까지 젖어드는 꽃내음으로 사람의 심정을 흔들 때 비로소 국화의 참모습을 볼 수 있다. 이러한 국화의 풍채가 사람의 마음을 끌어 당겨 더 가깝게 다가가게 만드는 꽃은 아닐까?

국화꽃 잎을 보면 아기의 고사리 손가락 같이 연약하면서도 예형을 이룬 것이 마치 장인이 다듬어 놓은 듯 곡선이 아름답다. 꽃심을 중심으로 꽃잎의 방사형을 이룬 것은 모든 꽃의 본보기가 되는 듯이 당당하기도 하다. 잎과 줄기는 꽃을 위한 버팀과 배려의 상징성을 완벽하게 수용하며 그 어느 다른 것은 안중에도 없다는 듯이 오직 꽃을 향한 일편단심뿐이니 하는 말이다.

백색의 국화는 순결 성실, 진실, 감사의 의미가 있고, 황색의 국화는 신의의 의미가 있으며, 적색의 국화는 사랑 열정의 의미가 있다고 한다. 한국에서는 흰 국화를 장례에 쓰고 있으나, 세계적으로 색의 구분보다 아름다움의 추구라는 사유에서 넓게 모든 색을 선물용으로 쓰는 추세라고 하니, 우리나라도 꽃

색을 구분하여 제한적으로 사용하기보다 모양과 향기를 중심으로 사용하여 세계화로 가면 어떨까.

풀이라 하지만 나무와 같고 나무도 아닌 것이 풀과 같으며 다른 풀이 못하는 위대한 꽃을 피우는 국화는 무한한 잠재력으로 세계인의 꽃으로 발전할 것이다.

따지고 보면, 국화는 가을에만 피는 꽃은 아니다. 사계절을 모두 볼 수 있다. 우리가 그 꽃이 국화인지 모를 뿐이고 가을에 피는 국화에 특별히 무게를 두고 있기 때문이다. 봄에 돋아나는 쑥도 국화며 더운 여름 아파트 또는 가로수 주변에 흔하게 노랗게 피어나는 꽃도 금계화라는 이름의 국화이며, 그 유명한 에델바이스도 겨울에 피는 국화이다. 가을의 전령 코스모스도 물론 '코스모스'라는 이름의 엄연한 국화이다.

그 외에 크고 작은 공원에, 고속도로 주변에 그리고 등산로에 꽃잎이 여러 갈래로 갈라져 무리지어 피는 꽃들은 색상에 구분 없이 대부분 들국화라는 이름의 국화이다.

또한 '국화차와 국화주'는 그 이름만 들어도 심산유곡의 신선들이 즐기는 장면을 연상시키는, 신비스러움이 묻어나는 이미지를 준다.

오늘 우리집 창밖을 내다보니 뒷산에는 벌써 낙엽이 지기 시작한다. 산등성이에 불길로 타오르던 단풍들도 하나 둘 꺼지고 있다. 늦가을 된서리에 이런저런 꽃이며 잎들이 다 지고나면 우리집 뜨락은 또 홀쭉하니 가난해 지겠다. 아니다. 꽃잎이 진자리마다 씨앗을 잉태하여 기르는 것이니 내년의 우리집 뜨락은 또 다시 풍성해 질 것이다. 풀잎 끝에 맺힌 이슬도 바람이 일면 떠나는데 겨울을 위해 자리를 비켜서는 가을꽃들도 또 다른 꿈을 위해 땅에 몸을 내려놓는 것일 게다.

내 손등에 나도 모르는 사이에 끼어든 검버섯 서너 개, 얼핏 보기에 가을 국화꽃잎 같기도 한 그것을 자꾸만 외면해지는 것은 어째서일까.

나이가 깊어지면 우리 몸의 장기들도 하나 둘 가을에 지는 꽃잎처럼 더러는 지고 마는 것들이 있다는 것을 내 어찌 잊고 있었는지. 한치 앞도 내다볼 줄 모르는 인간사에서 늘 젊은 날들이 오래오래 지속될 줄 알고 시간을 낭비하며 그냥저냥 헛꿈만 꾸고 살았으니 이제 어찌 해야 하는 것인지 모를 일이다.

눈 멀면 아름답지 않은 것이 없고 귀 먹으면 황홀하지 않은 소리가 어디 있으랴. 욕심으로 가득한 마음만 비운다면 모든 것이 풍성해지는 것을 우리는 이 가을에 깨달아야 할 것이다.

서릿발 속에서도 굽히지 않고 절개를 지키는 가을국화는 우리들의 꿈이고 우리들의 고향이다. 고결하고 청순하며 사랑스러운 꽃, 절개와 인내로 촉촉하게 젖어 있는 듯한 평화로운 꽃, 결실의 풍성함과 감사의 의미가 느껴지는 국화꽃에 부쳐지는 아름다움의 찬사이다. 다른 꽃과 달리 다가가고 싶고 눈이 부드러워지는 꽃이기 때문이리라.

국화꽃을 예찬한 문인 묵객이 그 얼마인지, 일생에 한 번도 국화를 논하지 않은 사람이 없을 정도로 우리나라 사람들은 국화를 좋아한다.

한국의 국화는 그 풍토의 특성상 꽃 모양이 이름답고 색깔이 휘황하며 고결한 향기가 타를 압도한다고 알려졌다.

한국 꽃의 명성을 국화꽃이 펼치지 않을까 하는 생각이 오늘은 가슴을 더 훈훈하게 한다.

시인이 떠난 자리

낙목귀근(落木歸根)이란 말이 생각난다. 다시 땅에 떨어지는 물리의 오묘한 순환과 무상(無常) 속에 깃든 유상(有常), 떨어져 사라지는 것이 아니라 뿌리로 돌아가는 나뭇잎처럼 인간도 어쩔 수 없이 그렇게 흙으로 돌아가는 것이 정당한 일이 아니겠는가. 그것은 한사코 받아드릴 수밖에 없는 일이기에 낙엽귀근(落葉歸根)이란 말이 생겼을 것이다.

사람이 태어나 그 삶을 다하고 떠나는 것이 오묘한 순환이라면 무상의 이치로 슬픔 한 자락 뚝 떼어낼 수 있어야 하는 것이 아닐까. 그런데 박주관 시인을 생각하면 그래지지가 않는다. 우선은 그와 함께 문학을 하면서 어울려 살았던 세월들이 스멀거리고, 또 힘겹게 쌓아올린 그의 삶의 가치가 빛을 보지 못하고 어두운데 갇혀 소멸해 버린 것이 안타까워서일 것이다.

그가 살아내는 삶이 힘들고 고단하다는 것을 잘 알고 있는 사람들이 몇 분 있었다. 마음으로 돕고 작은 것이나마 나누고

살면서 그가 잘 되기만을 응원했었다. 그런데 그가 가는 길은 늘 어둠이 드리워져 있었고 어떤 기회도 쉽게 이루어지지 않았다. 그 와중에 악마 같은 병마는 그의 몸을 삼킬 준비를 이미 끝내놓고 있었다. 누구도 예상하지 못했던 일이었고 신은 그에게 어떤 기회도 주지 않았다. 그는 신의 뜻을 받아드렸고 짐을 꾸리기 시작했다. 아마도 많이 지쳐있었을 것이다. 그래서 그렇게도 아끼던 딸들과 아내를 남겨 두고 서둘러 떠났을까.

우리가 그에게 원했던 것은 자신이 가진 모든 지식이나 지혜들을 후학을 기르는 데 투자하는 바람뿐이었다. 그러나 세상은 그를 알아보지 못했고 그런 자리조차 마련해 주지 못했다. 사회에서 요구하는 것들을 갖추기에는 경제적으로 그는 너무 어려웠고 또 가족을 돌봐야 하는 책임이 그런 것들을 막아섰다. 그를 아는 사람들은 정말 아까운 사람이라고 지금도 아쉬워 한다.

살면서 세상에 존재해야 할 사람과 존재하지 않아도 그냥저냥 살아지는 사람들 중, 그는 이 지상에 존재해야 할 사람이 아닌가 싶다. 자신만을 위해서가 아니고 그의 모든 이웃들과, 그리고 아직은 그의 바른 정신이 필요한 사회를 위해서라도 그는 이 지상에 오래도록 남아있어야 할 귀중한 존재다.

박주관 시인은 사람들의 갈증난 목을 축여주는 시원한 물줄기 같은 사람이었으며 답답한 마음을 펑 뚫어주는 질 좋은 산소 같은 사람이기도 했다.

그러나 늘 그의 생활은 안쓰럽고 거칠고 사나웠다. 모든 게 모자라기만 한 궁핍으로 오는 서러움, 옳지 않은 줄을 알면서도 어딘가에 몸을 담아야 했던 시간들은 그를 더 힘들게 했을 것이다. 자존심이 상해서 더 이상 못 견디는 치욕감과 소외감도 그를 저 세상으로 밀어내는데 한 몫을 했을 것이다. 거기다 늘 어깨죽지가 시려오는 추위는 그를 절망의 낭떠러지로 밀어내는데 힘을 보탰을 것이고, 그 때문에 우렁우렁 차오르는 분노와, 극도로 예민해진 애환과 고독도 그를 저 머나먼 세상으로 밀어냈을 것이다.

사람이 환난이나 시련을 모르고 산다면 생명의 근력을 배우지 못할 것이다. 또한 날개를 상해보지 않은 새는 청청하늘의 비상이 오죽이나 위태롭겠는가. 그러나 신은 하나의 상처를 만드실 때는 치유의 기름도 함께 마련하셨다. 말하자면 하나의 고통이 그 의미의 열매를 맺어 영글 때까지 당신의 손에 그의 영혼을 쥐고 있었다. 그런데 신은 그에게 치유의 약을 허락하지 않은 대신 모진 굴욕과 아픔에서 그를 탈출시켜버린 것이다.

그는 늘 가능성 있는 사람으로 우리 앞에 서 있었다. 아무리 어려운 일도 맡겨지면 쉽게 풀어내는 비상한 두뇌를 가진 그는 일에 대한 옳은 판단이 서면 그 누구의 말도 듣지 않고 일사천리로 진행해 나가는 강한 능력이 있었다. 거기다 타고난 성실성과 재간으로 일을 속히 처리하는 재주도 가지고 있었다. 그는 나름대로 개인적인 이윤추구보다는 사회적 기여도를 더 중히 여겼으며 모든 사람에게 따뜻한 정으로 가치를 돌려주는 정 많은 사람이기도 했다.

늘 나약하고 가난한 자의 가슴으로 녹아들던 그의 인정은 아직도 살아서 온 천지를 비추는데 그만 홀로 여기를 떠나 빈자리를 남겼다. 그는 무지개 같은 환상의 아름다운 날을 보내지도 않았고, 노을빛의 숭고함이 깃든 세월을 살지도 않았다. 우리는 그의 삶의 언저리에서 그의 꿈의 빛깔을 보았다. 순간적인 시력에 의존함이 아닌 영혼의 깊은 울림에서 오는 그의 가능성을 온전한 시력으로 찬찬히 볼 수 있었다. 그러나 그는 기다려서 오는 그 모든 가능성보다는 당장 현실로 찾아드는 절망과 소외라는 놈을 견디지 못했다. 그 요망한 것들을 온 몸으로 받아드리고 감추는 동안 몸은 부서지고 상해가며 못견뎌했다. 그러다 그 반란은 드디어 몸 밖으로 튀어 나왔고 그는 그 모든 반란마저도 겸허히 허락했다.

자기 자신을 창조하는 일이나 행복하기 위해 가파르고 힘든 고갯길을 넘어가는 일들도 살아있을 때 가능하다는 걸 그가 떠난 자리를 보며 우리는 깨달았다.

겉모습에 의존하지 않고 혜안으로 사람을 느낄 수 있다면 가슴으로 사람을 지킬 수 있다면 그 사람은 아름다운 사람일 것이다. 자리를 떠나도 사라지거나 상대방의 눈에 보이지 않아도 소멸되거나 지워지지 않을 사람으로 남는다면 잘 살아낸 삶이 아닐까.

우린 그를 만나며 마음 안에서 향기처럼 피어나는 행복이 진정 아름다운 행복이라고 수없이 말했었다.

가끔 작은 소찬이라도 서로 나누며 마음 든든한 사람들이 되고 때때로 힘겨운 인생의 무게로 인해 속마음마저 막막할 때 우리 서로 위안이 되는 그런 사람들로 살자고 약속도 했었다.

그에게 너무나 큰 슬픔이 오고 말았을 때도 우리는 끝없이 기쁜 사람들로 남자고 약속했었는데 그는 끝내 그 약속을 지키지 못하고 돌아서고 말았다.

우리는 지금도 그의 모습을 기억하고 있다. 좋은 사람으로, 그리고 안타까운 사람으로 말이다.

지금 내 앞에 놓인 삶에 불을 밝힌다면 그가 살아온 삶의 길이만큼 아프고 힘들었다고 말할 수 있을까.

가까이 다가가기 전에는 아무것도 보이지 않았던 그의 낡은 옷자락 속에 숨겨진 삶의 모습을 오늘은 여기 작은 등불로 밝혀본다.

세월이란 게
인생이란 게

친구가 안부 차 전화를 걸어와 겨울이라고 하네. 두꺼운 외투를 꺼내 입고 거리로 나가봤더니 그래, 맞구나 겨울! 가을이 가고 겨울이 오도록 무엇을 하고 살았길래 겨울이 오는 줄도 몰랐던가 하며 허허 웃었네.

시간이 조금 흐르면 흰 눈이 펄펄 내리겠지. 그리고 볼이 얼얼해지고 손이 시려 호호 불거야. 그럴 땐 포장마차에 가서 오뎅 국물에 팥이 든 붕어빵 두어 개 쯤 호호거리며 먹으면 좋을 거야. 그러면 마음까지 따뜻해 질터이니까. 햇볕이 눈부시게 좋은 날 함박눈이 솔솔 내려 눈이 시리도록 하얀 들녘을 보며 어린 시절 우리는 어떤 생각들을 하며 자랐던가.

어린 날 우린 소복하게 쌓인 눈 위에 누워 분홍빛 꿈을 꾸었고, 동무들과 엉켜 뒹굴다 눈사람을 만들고 눈싸움을 하고 그리고 온 들녘을 휘젓고 다니며 어린 날이 아주 길거란 생각을 했었지. 그리도 좋아라 웃고 웃던 그런 고운 날들은 내 뒤에 저

멀리 비켜 서 있고 이제 난 계절이 바뀐 줄도 모르는 나이가 되어버렸네.

겨울이라며, 이제 좀 밖으로 나와 보라고 부추긴 내 친구 덕분에 모처럼 나와서 서점에 들려 책도 몇 권 고르고 카페에 가서 차도 한 잔 마시고 그리고 시장에도 들려 사람 사는 모습도 보고 듣고 해찰 하다가 늦게 집에 들어왔어도 기분이 참 좋네그려.

집에와 지나와버린 시간을 되돌려보니 세상사 부질없음을 말할 수 있을 것 같고, 세월의 흐름을 빠르다 할 수 있겠으나 그래도 사람 사는 세상이 세상이라는 어른들의 말씀이 맞는 거 같네. 그러다 인생사가 다 그저 그렇지 뭐 하며 내 삶의 길이를 가만가만 나누워 보았네.

젊은 날은 세상이 다 내 뜻을 이루기 위해 있는 것 같았지. 무엇이든 꿈꾸던 일을 시도하면 다 될 것만 같았고 해서 안 되는 일은 없는 줄 알았지. 그리고 앞으로의 인생은 꽃 피고 새 우는 아름다운 세상인줄만 알았으니 원.

좋은 일도 슬픈 일도 그리고 괴로운 일도 우리네 삶에 섞여야 맛이라는 생각을 하며 살며시 가슴을 도닥여도 보고 남은 날들도 그리 살아질 것을 예감해 보니 인생이란 삶이란 도시 알 길이 없다는 생각이 드네.

책상 앞에 앉아 남의 삶을 조명해 놓은 책장을 넘기며 그 사람의 인생을 잠시 들여다보았네. 아프거나 슬프거나 행복하거나 하는 일들도 색깔만 다르지 다 비슷하다는 생각을 하며 나는 슬그머니 위로를 받네.

인생은 봄처럼 아름답기도 하고 여름처럼 뜨겁기도 하고 또 가을처럼 화려하기도 했지만 겨울처럼 춥기도 했었지.

큰 기쁨이 왔다고 해서 크게 기뻐할 일도 아니고 큰 슬픔이 왔다고 해서 크게 슬퍼할 일도 아니었네. 변화무쌍한 세상에서 운명을 그대로 받아드리고 복이 화가 되고 화가 복이 되는 것은 그 변화가 불규칙하여 그 끝을 늘 알 수가 없었네.

요람에서 무덤까지 우리네 삶은 늘 선택의 순간이었지. 두 길을 함께 가지 못하는 이상 비록 그 반대에 대한 아쉬움이나 후회가 남는다 하더라도 혹은 불투명한 미래에 대한 불안감 때문에 명확한 판단력을 잃은 채 돌이킬 수 없는 길을 향해 치닫는다고 해도 어느 한 방향으로 자신을 내 맡길 수밖에 없었지. 그렇게 우리는 새로운 것에 대한 기대와 좌절 본능적인 욕구와 욕망 그리고 불안한 영혼을 잠식하듯 그 이면에 도사리고 있는 두려움과 불안감을 안고 지금까지 살아네. 그러면서도 좀더 좋은 세상이 오지 않을까 기대도 했었지.

그런 생각을 하며 살아본 인생은 너와 내가 함께 가는 여행길이었네. 사람마다 사는 방법이야 다르지만 사랑하면 사랑한다고 말하고 보고 싶으면 보고 싶다고 있는 그대로를 이야기하고 사는 것이 인생이라고 이쯤에서 말하고 싶네. 하나를 주었을 때 몇 개가 돌아올까, 두 개를 주었을 때 얼마나 손해를 볼까 계산하지 않고 주고 싶은 만큼 정으로 주며 정으로 사는 것이 우리네 인생이었네.

인생이란 꼭 계산하고 이해해야 할 필요는 없는 것 그냥 내버려 두면 축제가 되기도 하고 그 반대가 되기도 했네. 그래도 살아가며 맺는 인연들이 거름이 되고 물이 되고 햇볕이 되어 나를 길러내었고 또 그 인연들이 지금의 나를 있게 하였네.

새로운 인연을 만날 때마다 나는 나를 알아야했고 그 인연을 이기기 전에 먼저 나를 이겨야했네. 그런 다음에야 좋은 흙으로 또는 햇볕으로 거름으로 거듭날 수 있었지. 그러니 나를 알지 못하고 남을 알려고 하지 말 것이며 나를 이기지 못하고서 남을 이기려하지 말아야 한다는 진리를 인생을 살아내면서 알았지.

인생을 굳이 말하라고 한다면 인생은 속도가 아니라 방향이었네. 자신이 선택한 방향에서 만난 인연들 그리고 그곳에서 일어난 모든 일들이 인생을 만들어냈네. 그래서 나는 인생은 속도가 아니라 자신이 선택한 방향이라고 말해두겠네.

사월에 하는 약속

사월에는 좋은 사람과 약속을 해야 합니다. 천지에 개나리와 벚꽃이 화사하니 보러가자고, 철쭉 꽃잎이 곧 떠질듯하니 마중가자고 말입니다. 그리해서 가난한 마음을 봄으로 채우고 바라만 보아도 안타까운 사람들과 사월의 푸른 잔치를 열어야 할 것입니다. 봄꽃처럼 화사한 샛노란 점퍼에 푸른 바지를 입고 꿈속 같은 꽃 잔치에 내 친구 화정이와 여숙이 그리고 득필이와 현수도 불러볼 참입니다.

좋은 사람들과 그런 약속을 해 놓고 나는 몇 날을 그리움으로 기다릴 것입니다. 그리고 밤마다 가슴이 설레고 날마다 그 날이 오기를 손꼽아 기다리며 아름다운 꿈을 꿀 것입니다.

그래서 인간은 약속으로 살아갈 수 있고 약속으로 성장하는가 봅니다. 이를테면 사랑하는 사람과의 약속은 삶의 희망을 가져다주고 입속에 침이 마르도록 그리움을 키워줍니다. 그 약속의 시간은 하루가 천년같이 지루하고 긴 밤이 새지 않은 안타까운 날들입니다. 그 약속은 생각만 해도 가슴이 뛰고 설레이며 입가에 미소가 번집니다. 그런 약속은 생각만 해도 웃음이 절로 나오고 보고 싶다는 마음 하나로 희망이 생기며 그리움이 가슴에 고입니다.

그러나 어쩔 수없이 만나야 하는 만남이라든가 빚쟁이와의 약속은 생각만 해도 마음이 복잡하고 머리가 아파옵니다. 시간이란 시간은 모두다 감옥에 가두고 다시는 밖으로 나오지 못하게 하고 싶은 마음이 간절합니다. 아무렇지 않던 머리는 편두통으로 욱신거리고 마음은 천갈레 만갈레 걷잡을 수없이 복잡해집니다.

이처럼 약속이 종류에 따라 우리의 마음은 행복과 불행을 좌우합니다.

그러나 사월에 하는 약속은 왠지 사랑스럽습니다. 꽃피고 새우는 계절에 생각만 해도 가슴설레이는 사람들과의 만남이 예약되어 시간이 흐르기만 하면 어느 시점 그 약속의 시간이 다가오고 말 것입니다.

그래서 슬프도록 아름다운 사월의 봄을 담은 엽서를 바람에 실어 내 사랑하는 친구와 내 좋아하는 사람들에게 보낼 것입니다. 그리고 그날의 약속을 기다릴 것입니다.

지고 새는 날들을 달력에 동그라미를 쳐가며 그날을 손꼽아 기다릴 것입니다. 가슴으로 스며드는 그리움과 연민들도 벚꽃같이 하이얀 에프론에 수놓아 머리에 이고 사랑인양 그리움인 양 기다릴 것입니다. 잠 못 이룬 밤이면 창밖의 별을 헤며 혼자서 두런두런 별과 사랑이야기도 해 볼 참입니다. 그러다 아직 다 여물지 못한 생각과 별통별이 부딪쳐 아름다운 약속으로 반짝이게 해달라고 신께 기도도 드릴 것입니다. 누가 압니까. 신은 나를 위해 오늘을 기다렸노라고 하면서 내게 새로운 별을 선물해 줄지…….

사월에 하는 약속은 이처럼 그리움과 사랑을 키워줍니다.

그래서 오늘은 사월의 편지를 띄울 것입니다. 꼭 말입니다.

한센병은 낫는다

소록도를 다녀와서

모처럼 친구와 차를 몰고 비를 따라 떠났습니다. 섬진강 물줄기를 따라서 『토지』의 배경이 되었던 평사리와 박경리 선생의 문학관도 돌아보았습니다.

그러다 고흥 녹동에서 철선을 타고 거금도로 들어가 아름다운 섬을 한 바퀴 돌고 돌며 무진장 해찰을 하였습니다. 대자연의 경이로움에 취해 놀다 거기서 아예 짐을 내려놓고 눌러앉았습니다. 싱싱한 활어회 한 접시에 매취순 한 잔이 목구멍을 타고 넘어가니 세상이 두루두루 다 내 것 같았습니다. 늦은 밤 달빛을 보고 있자니 왜그리 마음이 쓸쓸한지요. 괜스리 눈물이 나고 마음이 허전해오는 걸 막을 길이 없더이다. 그러다 파도의 노래로 잠이 들었습니다.

일출과 함께 깨어나 동네를 한 바퀴 돌고 나니 새로운 날을 맞은 듯 기분이 상쾌하였습니다. 그러다 목적한 소록도로 들어갔습니다.

세상과 차단된 섬마을 사람들 분명히 그들은 우리와 똑같은 사람들인데 스스로 자격지심인지 민간인들을 피하는 것이었습니다. 오로지 방법은 자원봉사 지원을 해서 허락된 공간에서 주어진 시간에 봉사하는 것이 그들과 함께 할 수 있다고 관계자가 알려주었습니다.

다행히 내 조카가 거기에서 간호원으로 근무하는 바람에 특별히 그들과 함께할 수 있는 시간을 마련할 수 있었습니다. 마음이 많이 아픈 그들과 며칠을 지내며 얼마나 울었는지 얼마나 가슴이 먹먹해 오는지 참 힘들었습니다.

세상과 격리되어져야 했던 아니, 억지로 격리 당해야 했던 그 때 그 시대를 그들은 잊을 수가 없을 것입니다.

손발을 잘라내지 않으면 결코 목숨을 내 놓아야 했던 절박했던 그 때의 상황들이 그들은 악몽 같았다고 했습니다. 보통사람으로 살고 싶고 진정 사람으로 살고 싶어 몸부림쳤지만 세상이 그들을 그렇게 살도록 배려해 주지 않았다고 합니다.

지금도 자신들의 모습에 스스로 질려 있는 그들을 보며 그래, 우리는 얼마나 행복한 사람들인가 하는 생각이 들었습니다.

오직 그 섬에서 나오지 못하고 그 곳에서만 살아야 하는 안타까운 섬사람들 나는 그들만이 소유할 수 있는 그 아름다운 공원을 거닐며 파도소리의 그 처랑한 울음소리를 들으며 가슴이 절로 시려 왔습니다. 얼마나 이 가슴이 더 아파야 저들의 가슴을 다 담을 수 있을지, 얼마를 저들과 울며 뒹굴어야 저들의 삶을 다 더듬어 볼 수 있을지 참으로 아득하기만 했습니다.

그들에게 내가 웃음이었으면 좋겠고 내 마음속에 흐르는 그들을 향한 뜨거운 사랑이 그들의 생활 속에 즐거움이었으면 했습니다. 또 나는 그들에게 환한 미소가 되었으면 좋겠고 간절한 소망을 채워줄 믿음이었으면 좋겠다는 생각이 들었습니다.

백 마디 맹세와 말뿐인 다짐보다 가슴속에 흐르는 그들을 향한 진실한 사랑이 그들의 생각 속에 미더운 진실이 되어 잠시라도 살맛나는 세상이라고 우리도 살아볼만 하다고 가슴을 열었으면 하는 마음뿐이었습니다.

하늘에 떠 있는 구름 같은 신기루보다 내 생활 속에 흐르는 뜨거운 마음이 필요한 가슴들이기에 그랬습니다. 우리 서로 마주보며 살아가는 세상이기에 더 그런 생각이 들었습니다.

바쁘다는 핑계를 내세워 그 섬을 빠져나오며 참 많이도 울었던 것 같습니다.

다시 오라고 발목을 잡던 노인들의 안타까운 몸짓이 서러워서가 아니라, 늘 새로운 인연에 마음을 놓을 수 없는 그들의 삶이 안쓰러워서였습니다. 다음에 시간을 내서 꼭 한 달만이라도 그들과 함께 뒹굴어 볼 참입니다.

취재할 욕심으로 들어선 소록도란 아프디 아픈 섬, 그러나 나는 그곳에서 희망을 안고 돌아왔습니다. 언젠가 그들의 아픈 애환과 그 속내를 세상에 그려 내는 날 나는 그 슬픈 울음을 멈출 수 있을 것 같아서입니다.

얼굴

오월에는 신록 같은 소녀의 맑은 얼굴이 좋더니, 여름 하늘을 보니 눈언저리에 잔주름이 살짝 진 마흔 넘은 여인의 얼굴이 더 좋아진다.

끝없는 사랑과, 희생 그리고 용서를 요구하는 자식들에게 모든 것을 다 내주고 어느 날 거울 앞에 비친 주름진 얼굴을 토닥이며 한숨을 쉬어 보는 그런 여인의 얼굴, 그러면서도 결코 후회 할 수 없는 삶이라고 마음을 조용히 삭히고 환히 웃는 여인의 얼굴이었으면 더욱 좋으리라.

나이 먹을수록 목소리는 깊어지고 조용한 밤의 고요를 여유 있게 감상하며, 쏟아지는 별빛에 지친 마음을 풀어 놓을 수 있는 그런 여인이라면 내 무얼 더 바라겠는가.

넉넉하다는 그 이유 하나로 자식들은 가정부와 가정교사 그리고 과외선생까지 등장시켜 맡겨 버리고 요란스러운 옷차림에 화려한 화장을 하고 바깥으로만 나돌아 다니는 실속 없는 여인의 얼굴에 비하면 얼마나 아름다운 여인인가.

직장이라는 전쟁터에서 파김치가 되어 돌아온 남편을 보고 버선발로 뛰어나가진 못하더라도 따뜻하게 맞아들여 정갈하게 밥상을 차려 보글거리는 찌개 내 놓으며 환희 웃어주는 여인의 얼굴이란, 가정의 평화요 시들지 않는 꽃이리라.

그런 얼굴 앞에서 어찌 남편은 피로를 느끼며 밖에서 궁녀들을 거느리는 제왕의 꿈을 꾸겠는가. 눈가에 지는 주름이 자신의 탓이라고 어루만져 주며 가족을 위해 힘겹게 살아온 삶을 앞으로 꼭 보상하겠노라며 젖은 손을 살며시 잡아주는 남편을 보며, 아내는 좀 거친 삶을 살았더라도 그 따뜻한 말 한 마디와 그 손 안의 온기로 충분히 보상 받은 듯 아무 요구도 바람도 원치 않을 것이다.

한 여름 폭군의 점령이 끝나면 스산한 바람이 부는 가을이 올 것이고, 가을이 깊어 낙엽이 물들다 떨어지면 나는 또 한사람의 얼굴을 그릴 것이다.

저무는 창가에 기대 눈을 지그시 감고 선 어느 노신사의 조용한 얼굴이다. 그의 어깨에 쌓이는 땅거미, 긴 여정 끝에 오는 허무가 그를 쓸쓸하게 할지라도 오히려 화평과 빛이 그윽하게 풍겨나는 그런 얼굴이었으면 한다. 삭막한 거리를 이런 노신사와 나란히 한 시간쯤 걸으면 웃어주지 않아도 곤한 마음이 풀어지고 말이 없어도 어색하지 않으며 격려해 주지 않아도 뭔가 위로가 될 것만 같아서이다. 그저 환하고 그윽하여 바라만 보아도 거듭 바라보고 싶어서 견딜 수 없는 마음으로 그렇게 한 참 걸으면 외로운 고독이 풀릴 것 같은 그런 얼굴을 말하는 것이다.

그러다 조용한 찻집에서 은은한 녹차를 마시며 창가를 더듬는 그의 눈길을 따라 세상을 잠시 훔쳐도 좋을 것이다. 긴 한숨 끝에 한 권의 책보다 더 아픈 생애를 살아 왔노라고, 마음을 풀어놓을 때쯤 나는 화평한 얼굴로 그의 그늘을 거둬낼 것이다. 그늘이 없는 그의 얼굴에서 평화를 찾아 가슴은 따뜻해지겠고, 눈길마저 부드러워져 사람과 세상이 아름답게만 보였으면 더 좋으리라. 그래서 나눠질 시간이 오더라도 아쉽지 않게 돌아설 수 있는 그런 여유도 함께 얻었으면 한다.

그런데 요즘들어 내가 가장 사랑하는 얼굴이 있다. 빌라도 앞에서 재판받던 예수의 얼굴이다. 눈앞에서 기적을 보여주면 살려주겠다는 집요한 유혹과 협박 앞에서 기적을 행치 않는 예수, 죽은 자를 살리고 장님을 눈뜨게 하며 앉은뱅이를 걷게 할 수 있었던 예수, 그는 능력이 없어서가 아니라 자신의 길을 가기 위해서 조롱과 멸시도 개의치 않았다. 그렇게 아끼던 제자들을 절망 시키면서도 끝내 기적을 행하지 않았고 자신을 죽여 모든 사람의 죄를 사해주기 위해 죽음을 택했던 예수의 인자한 얼굴이 보고 싶다.

잔인한 형벌로 양 손발에 못을 박고 옆구리에 창을 찔리며 머리에 가시관을 쓰고도 그분의 얼굴은 고매하고 화평하며 자비로운 얼굴이었다.

달이 환하게 밝은 오늘 같은 밤이면 눈물겹도록 그분의 얼굴이 보고 싶어진다. 그런 밤이 깊어져 자리에 누우면 내 살아온 마흔 해가 절로 생각난다.

단발머리 소녀 적 얼굴, 꿈속 같던 처녀 때 얼굴 결혼한 엄마의 얼굴, 지금의 중년의 얼굴…….

남 사는 만큼 웃음도 눈물도 맛보며, 지극히 작은 잔재미 하나까지 놓치기 아까워 힘겹게 뛰어 왔으나 늘 빈손에 이렇게 허기진 얼굴이다.

이제 오만의 힘도 늘 나를 굳건히 받쳐주던 오기도 몇 풀 꺾어졌으며 모든 사람의 충고도 우정 어린 진실로 느낄 만큼 많은 눈물도 뽑아냈다. 모든 생각을 지우고 나는 문득 거울이 보고 싶어진다. 하지만 쉽게 포기하고 일어서지 않았다. 마흔 살부터는 자신이 살아온 인생의 빛깔과 인생의 무늬가 곧 그 얼굴이 된다기에…….

그래서 마흔 살부터는 자신의 얼굴에 책임을 지라 했던가. 주름살이 늘어갈수록 내가 그리워하는 이들의 얼굴을 닮아 가고 싶다.

짜증난 사람에게, 성난 친구에게, 외롭고 쓸쓸한 이웃에게, 제 누나에게 학용품 중 중요한 것을 빼앗기고 억울해서 울며 찾아온 아들에게 나는 빈손이면서도 뭔가 각자가 원하는 것을 풍겨 줄 수 있는 그런 넉넉한 얼굴을 가졌으면 한다.

그 누구에게도 아름답게 기억되기 보다는 이천 년 전 십자가를 대신 져준 예수그리스도의 얼굴이 모든 사람에게 그립듯이 나 또한 그렇게 기억되고 싶다.

가장 힘들고 가장 외로울 때 그냥 이유 없이 보고 싶고 그리워지는 그런 얼굴로…….

오월에 오는 그리움

오월이면 나는 앓게 된다. 어디가 아프다고 뚜렷하게 말할 수는 없지만 심한 현기증과 뒤척이는 불면증에 제대로 먹지도 눕지도 못하는 모호한 병에 시달린다.

목단이 무더기로 피어나는 화창한 날이면 병은 절정에 달해 높은 신열이 오르고 이마엔 송글송글 땀이 맺힌다.

나는 그 병의 원인을 찾고자 가슴을 헤집는다.

불 꺼진 수만 개의 기억속에서도 보석처럼 빛나는 오월의 그리움 그것은 마흔이 넘은 봄에도 영락없이 찾아와 봄의 행렬 그 선두에 서기 위해 나를 몹시 헐떡이게 한다.

병을 줌으로 존재를 인식케 하는 오월의 그리움은 막연히 잊혀져간 추억의 한 자락을 들추어 말 못할 언어들을 키우기 시작한다.

강은 흘러가면서 노래하고 구름은 모이면서 비를 만든다지만 내 안에 묻힌 그리움은 세월이 흘러도 지울 방법이 없다. 그리하여 오월이면 나는 누구에게도 초대받지 않은 나들이를 외롭게 떠나곤 한다.

그렇다고 먹거리를 준비하기 위해 촘촘히 쳐놓은 거미줄을 걷어다 옷을 짜거나 혹은 비온 뒤에 펼쳐지는 무지개를 잡아다가 신발을 삼으려는 몽상가는 아니다.

또 간결한 언어와 준수한 행동의 그 누구에게로부터 편히 쉴 곳을 안내 받으려는 환상 때문에 육신이 흐트러지게 아픈 것도 아니다. 그런 내 희망이 불가능하기 때문에 곤죽이 되도록 앓지 앓지 않으면 안 될 은유의 달일 수도 있다.

그래서 해로운 것은 파괴하고 유익한 것은 건설할 수 있는 근본의 시원성까지 일깨우는, 적어도 지금 부터의 오월은 종기가 아니라 그 헌데를 치료하는 향유의 달이어야 한다.

오월, 눈이 시리도록 쏟아져 내리는 금빛 햇살 말고도 내겐 사무치도록 마음이 감겨오는 그리움이 있다. 순간순간 다리를 휘청이게 하고 무거운 고뇌까지도 찬란하게 빛나게 하는 그리움이다. 그 찬란한 그리움 때문에 수많은 시간을 가슴으로 흘러버리고도 이제 시작이라는 거대한 표어를 가슴 속에 내걸어 둔은 무슨 병고일까. 누군들 가슴에이는 그리움 하나쯤 간직하고 있지 않을까만은 오월이면 어김없이 찾아오는 이 유령 같은 그리움을 나는 막을 길이 없다. 커피 한 모금의 온기로는 더워지지 않던 마음도 오월의 그리움 앞에선 어쩔 수 없이 용광로가 되어 들끓으니 말이다.

불혹의 나이에 들어섰으면서도 아직도 환상을 가지고 세상을 살기 때문이라고 나는 말하고 싶지 않다. 짓밟아도 짓밟아도 억세게 돋아나는 잡초처럼 질기디 질긴 오월의 그리움, 그것은 내 삶에 수많은 색깔을 연출케 한다. 나는 이 오월의 가슴을 재우기 위해 온 몸에 상처가 나고 피멍이 들도록 채찍을 휘둘러야 한다.

그 때마다 사랑으로 익사해버린 아련한 그리움은 더 짙은 색깔로 나타나 찬란한 기쁨과 가슴에이는 슬픔까지도 갈증으로 채워 놓는다. 그 가쁜 호흡에 진저리를 쳐대면서도 버릴 수 없는 이 안타까운 오월의 그리움, 버릴 것 다 버리고 버릴 수 없는 것까지 버린 후에나 버려질 그리움이다.

그 그리움 때문에 몸이 상한 나는 수렁과도 같은 번민의 늪에서 헤어 나오지 못하는 자신이 미워 힐문하며 심판을 가할 때가 있다.

지난 일은 마치 전설과도 같은 것이었다. 그래 다시 되돌릴 수 없는 그리운 절설, 그러니 아무런 흔적도 남기지 말고 한 줌 바람으로 날려 버려야 했다. 해 뜨기 전의 맑은 이슬처럼 시간이 모자라도 말려 버려야 했다. 그렇게 해야 하는 것이라며 수도 없이 외쳤었다. 그런데 그리 되질 않았다. 그렇게 할 수가 없었다. 전설로 남기려 해도 바람처럼 날리려 해도 이슬처럼 말려 버리려고 생각만 해도 눈물이 솟았다.

적당히 차면 적당히 비워내며 살아야 하는 우주 섭리를 망각한 채 삶의 방향조차 가늠하지 못하고 고민했던 그 불면의 나날들이 내 생애에 있어 혼미한 잠의 시간이었음을 나는 지금이라도 깨닫고 싶다. 정말이지 유월이 오기 전에 깨달아야 할 것이다.

용서

용서는 선택이다. 예외는 없다. 우리는 용서를 선택함으로 상처를 치유할 수 있고 진정한 사랑을 경험할 수 있다. 그리고 그때에야 비로소 보다 가치 있는 삶을 시작할 수 있게 된다. 알고 보면 용서란 자기 안에 있는 어두운 생각들을 걷어내는 일에 불과하다. 빛이 나타나면 어둠은 사라지기 마련이다. 우리의 깊은 마음으로 존재하는 사랑과 생명의 빛을 선택하면 어두운 생각들은 저절로 사라지는 것이다. 뒤집어서 놓고 보면 결국은 가치 있는 삶은 자신의 본질인 사랑과 생명을 실현하는 삶을 살기로 결심하는 것이 더욱 근본적인 용서라고 생각한다.

용서는 공격이나 의견충돌, 실수, 혹은 처벌이나 배상의 요구에 대한 중지로 인해 일어나는 억울함이나 분노, 화를 포기하고 중단하는 것이다. 옥스퍼드 영어사전은 용서를 '타인의 공격이나 빚에 대해 항의하기를 전면적으로 호기하고 상대를 자유롭게 해주는 것'으로 정의한다. 용서의 개념과 유익함은 많은 종교와 사회과학 등에서 연구되어 나왔다. 용서는 대략 자

신에 대해 '용서하는 것을 포함한, 용서하는 사람과 용서받는 사람 사이의 관계라는 관점에서 생각해 볼 수 있다. 현실적 측면에서는 용서는 자신이 용서할 수 있다고 여기게 하는 어떤 이해나 사과, 혹은 그저 용서를 구하는 공격자가 있어야 한다. 대다수 세계의 종교들은 용서의 본질에 대한 가르침을 포함하고 있고 이런 많은 종교적 가르침들은 변화무쌍한 현대 사회에 용서의 전통과 실천법의 기초가 되는 토대를 제공한다.

어떤 종교적 교리나 철학은 인간이 자신의 결점을 극복하기 위해 신의 용서와 같은 종류의 것을 찾을 필요성에 역설한다. 한편 다른 종교들은 타인에 대한 용서의 실천에 필요성을 훨씬 더 강조하기도 한다.

그러나 용서란 평온한 감정이다. 그런 감정은 자신의 상처를 개인적인 것으로 받아드려 책임을 지고 그 사건에서 피해자가 아닌 승리자가 되었을 때 생겨난 것이다. 즉 당신이 나를 괴롭혔으니 나도 당신을 괴롭히겠다는 권리를 포기하는 것이다.

그래서 용서란 현재의 평온을 회복하고 미래의 희망과 삶의 목적을 되살리기 위해 과거에 받은 분노와 상처에 새로운 틀을 씌우는 작업이다. 상처를 가하는 행위는 스스로를 원수보다 못한 사람으로 만드는 것이고 복수하는 것은 스스로를 원수와 대등한 위치에 올려놓은 것이라는 말이 생각난다. 그러므로 용서하는 것은 스스로를 원수보다 더 나은 사람으로 만드는 것이니 시간을 늘리지 말고 지금 바로 용서하는 것이 유익하다.

용서가 주는 가치

가치 있는 삶이란 이 주제는 많은 고민과 생각을 해 보아야 할 것 같다. 가치라는 것은 개개인에 따라 혹은 그 개념과 추구하는 삶에 따라 다르겠지만 누구든지 하나의 이상적인 삶을 꿈꾸고 있기 때문이다. 가치 있는 삶이란 자신이 가장 적합하다고 생각하는 즉, 최선을 다했다고 생각 되는 삶을 일컫는다. 그렇다고 이것이라고 정확하게 정의할 수는 없다. 사람은 각각의 개성과 다른 성격을 가지고 있기 때문이다.

세상을 살아가면서 우리가 추구하는 수많은 가치나 그것을 이루기 위한 다양한 삶의 단편들의 집합은 우리 생애의 전체적인 그림이라고 말할 수 있다. 물론 사람이 살아가는데 있어서 가치 추구나 목적이 없는 삶의 영위도 가능하다. 하지만 우리는 그러한 삶을 가리켜 누구도 풍요롭고 행복한 삶이라 말하지 않는다. 사람은 누구나 자기가 추구하는 것이 있고 그러한 것들을 통해 삶을 완성해 나간다. 또 추구하는 대상은 사람마다 다르다. 돈을 많이 벌기위해 사는 사람도 있을 것이고, 명예나 권력을 위해 자기 삶을 투자하는 사람도 있을 것이다. 아니면 목회자나 신부, 그리고 스님처럼 종교적 가치에 삶의 목표를 두고 사는 사람들도 많다. 하지만 이렇게 추구하는 삶의 목적이나 가치가 다르더라도 우리는 한 가지 공통점을 도출할 수 있다. 그것은 누구나 행복한 삶을 살기를 바라는 것이다.

그렇다면 내 자신의 삶은 어디에 가치를 두고 사는 것일까. 내게는 잊지 말아야 할 일들이 있다. 이를테면 나를 낳아준 부모님을 잊지 말아야 하겠고 내게 은혜를 베풀어준 사람들을 잊지 말아야 하며 지금 내 곁에서 내가 가치를 느끼고 살 수 있도록 동무가 되어준 사람들도 잊지 말아야 할 것이다. 또한 내게 잊지 못할 상처를 주고 의리를 배신하는 사람들도 내게는 또 다른 목적을 만들어 준 잊지 못할 사람들이다. 그들로 하여금 나는 오던 길을 되돌아보고 겸허한 마음의 자세를 다듬는 여유를 얻는다. 그것 또한 내게 소중한 가치다. 그리고 마음속으로 그들을 용서한다. 그들이 가진 가치는 누군가를 헤치고 그 자리에 자신이 오르려는 목적이 있기는 하지만 그것 또한 개인적인 가치가 아니겠는가.

용서는 옷에 묻은 먼지를 툭툭 털어버리듯 되는 것이 아니다. 머리는 용서를 한 것 같았는데 마음은 여전히 용서가 되어 있지 않은 상태를 유지하고 있기도 하니 말이다. 그러나 살다 보니 용서하는 마음이 생겼고 용서하고 나니 마음의 평화가 찾아왔다. 용서는 우리에게 정말 중요한 역할을 하는 기구라고 생각한다.

우리는 마음이 평화로울 때에야 비로소 바람직한 선택을 할 수 있기 때문이다. 한때 나 또한 분노와 복수심에 사로잡힌 상태에서 세상을 바라본 적이 있다. 그 때는 시야가 좁아지고 자기 통제가 되지 않아 올바른 선택을 할 수가 없었다. 심한 경우에는 억눌려 놓은 감정이 폭발하여 돌발적인 행동을 하게 되기도 했다. 뿐만 아니라 크고 작은 복수의 드라마가 연속되는 동안 나는 엄청난 심리적, 시간적, 물질적인 비용이 발생했다. 용서는 이처럼 불필요한 희생과 불행의 악순환을 끊게 해주는 것이기 때문에 우리에게 가장 중요한 것이라고 본다. 그래서 용서는 늘 우리에게 새로운 삶을 시작할 수 있는 좋은 기회를 가져다준다. 과거에 얽매인 부정적인 감정으로는 더 나은 미래를 향해 한 걸음도 내디딜 수 없다.

내게 용서는 과거의 아픔이나 다른 사람과의 관계에 지배되는 삶에서 벗어나 내 자신의 삶에 집중하게 해 주었다. 또한 내 삶의 방식과 내가 느끼는 가치에 더 집중하게 되었고 주변 사람들과 사랑의 교감을 나누며 친목의 시간을 즐겁게 보낼 수 있는 온전한 삶을 살게 해준 셈이다. 이처럼 용서라는 기구는 무거웠던 짐을 내려놓게 하는 좋은 권유자다.

세상에 용서 못할 일이 없다고 말로는 쉽게 하지만 당장 자신에게 참을 수없는 억울함과 기막힌 상황이 닥쳐온다면 그 당시에는 누구도 용서라는 단어를 끼어 넣지 못한다. 하지만 시간의 길이가 길어지면서 불가능했던 것이 가능해진다. 상대방을 한없이 질책한다면 결국에는 자신의 마음도 상처를 입게 된다. 증오의 화살은 다른 사람에게도 상처를 입히지만 결국은 자신을 향해 되돌아오고 말기 때문이다. 그래서 상대를 용서한다는 것은 곧 자기 스스로를 사랑하는 일이며 과거를 바꿔놓을 수는 없지만 미래를 확장할 수는 있는 것이다. 그래서 용서라는 기구를 사용하는 것이 아니겠는가. 용서는 돈으로 사고파는 것이 아니라 마음으로 나누는 것이기에 어렵겠으나 마음만 바꿔먹으면 쉬운 것이 또 용서이다. 때문에 누군가를 용서한다는 것은 용기 있는 행위다. 용서는 화해와도 다르고 무조건 참는 것과도 다르다. 진정한 용서는 그 과정에서 상당한 진통이 따른다. 그 과정을 용기 있게 거친 뒤에야 용서가 주는 참 기쁨에 참여할 수 있다.

나는 용서라는 과정을 몸소 체험하며 삶의 가치관이 달라졌다. 우선은 내가 편안해졌고 사물을 보는 눈이 선명해졌다. 사는 동안 내 주변에서 일어났던 거칠고 아팠던 모든 일들은 결국 나를 발전시키고 나를 성장하게 하며 삶의 가치관을 정립하게 하는 도구였던 것이다.

3

내 인생의 노을

純

그래
매취 순!

노을빛이 유난히 고운 저녁이다. 이대로 발걸음을 내 집으로 향해선 안 된다. 어디로 가야만 한다. 그리하여 누군가와 더불어 얘기를 해야만 될 것 같다는 생각에 가끔 찾아가 쉬던 곳으로 발길을 옮겼다.

그렇다고 누구를 부른 것도 아니어서 또 적막한 시간을 혼자 보내야만 한다.

어째서일까. 나는 왜 가을이 초입에 들어서면 내 살아온 날들이 빈 껍데기로 다가오며 허무하다 느껴지는가 말이다. 남은 날을 살아 보기도 전에 왜 나는 이다지도 지치는 것일까. 왜 가슴에 무엇이라고 꼬집어 낼 수 없는 허무가 안개처럼 자욱이 번져 오는 것인가.

가슴 속 가장 그늘진 곳에 가느다란 금실처럼 애잔하게 반짝이는 그리움 때문일까. 요즈음 난 가슴 갈피마다 매운 연기가 가득 고여 있다. 풀잎 끝에 이슬 같은 초로인생이라 했던가.

바람처럼 구름처럼 한번 왔다가 가는 것을 왜 그리 숨막히게 살았을까. 힘주어 버티고 있던 어깨의 천근같던 무게가 손끝으로 쏟아져 내린다.

누군가를 부르고 싶다. 그런 생각에도 노여운 눈물이 핑 돈다. 내가 필요로 할 때 내 곁에 있어야 할 사람, 그는 누구일까? 겉옷 사이로 스며드는 바람은 산산한 기운을 머금고도 모자라 가지런히 빗질한 내 머리카락까지 흐트린다.

끊어질 듯 다시 이어지는 이름 모를 풀벌레 소리. 애연이 넘어가는 마디마디엔 아픔이 깃들어 있다. 이슬에 젖은 치맛자락을 휩싸 쥐고 돌아서는데 왜 서러운 눈물이 그리도 나는지. 이 밤 내 안식이란 집에 밤은 날 부둥켜 않고 또 몸살을 할 것이다.

언제부터인지 편안한 안식이 되어주지 않는 밤. 올빼미처럼 눈을 뜨고 해초같이 후줄근해진 영혼을 달래며 나는 낙하산으로 내려올 때 같은 현기증을 느낀다.

꿈속에서는 메아리가 하나도 없고 시계소리 들리는 것도 성이 가시다.

도둑고양이가 기왓장을 살포시 딛고 건너가는 소리까지 잡아내는 이 고요한 밤에 어쩌자고 나만 홀로 이렇게 잠 못 이루고 뒤척이는가. 아무리 눈을 껌뻑거려 봐도 한 밤 되는 어둠만 눈으로 입으로 들어올 뿐이다. 소음에 신경은 사정없이 진동되고 내 눈은 고달프다 못해 핏줄이 서고 만다.

무엇 때문일까. 무엇에 쫓기는 것일까. 불안한 것들이 낯선 정거장 모양 들이닥치고 털어 버릴 수 없는 초조와 우수가 사월의 신록처럼 무성해진다. 거기다 외로움까지 두르고 앉아 지리한 밤을 보내는 청승까지 보태자 이보다 더 슬픈 시간은 없을 것이다.

더 이상 누워 있을 필요가 있겠느냐는 뇌의 설득에 나는 창문을 열어 하늘을 본다.

별도 달도 오늘 같은 날은 내 친구가 되어주지 않는다.

눈길을 거두어 어느 집 다정한 전경을 본다. 열어진 창문 사이로 어린 두 남매가 열심히 독서 중이다. 아니 독서를 하는지 만화책을 보는지는 알 수 없는 노릇이지만 가끔 책상을 도닥거리며 웃는 모습이 행복해 보인다. 날이 새면 저 아이들의 엄마는 부엌에서 밥 짓는 김을 올리고 맛 나는 반찬을 만들 것이다. 냄비엔 찌개가 보글거리고 안방에선 할머니의 잔소리가 들려도 좋을 것이다. 책임이 막중한 아버지는 밤새 머리를 극적이며 기발한 아이디어를 작성해 놓은 서류 가방을 꼼꼼히 챙겨놓고 거울 앞에서 수면 부족으로 핏발선 눈을 껌벅거리며 넥타이를 고쳐 맬 것이다.

그런 다음 식구가 빙 둘러앉아 식사를 하고 제 갈 길로 떠나면 아! 그 집 엔 시어머니와 며느리. 그러나 괜찮으리라. 그 집의 며느리는 속 좁은 여자는 아닐 것이다. 왜냐하면 어젯밤에 창 밖에 비친 아이들의 선한 얼굴이 엄마를 닮았을 테니까.

얼마를 지나야 장밋빛 새벽이 올 터인가. 창문을 닫고 책상 앞에 앉아 조심스럽게 스탠드의 불을 켠다. 손수건같이 구겨진 오장을 다스리려 보리차를 목구멍에 쏟아 넣으며 나는 또 눈물이 마르지 않는 것을 발견한다. 파라솔을 접듯이 마음도 그렇게 접을 수만 있다면 얼마나 좋을까. 장미가 핏빛 열정을 토하면서도 왜 말을 하지 않은지, 사슴이 슬픈 눈을 하고서도 왜 침묵을 고집하는지 이제야 알 것 같다. 너무나 피맺히면 너무나 슬프면 그 다음엔 차마 말이 안 나오는 것을…….

기침도 삼키고 눈물도 감추고 나는 내 아이들의 얼굴을 들어다 본다. 무슨 꿈을 꾸는 것일까. 딸애는 얼굴에 미소가 번져난다. 아마 친구들과 화기애애한 이야기 거리를 나누며 저리도 웃어쌌는 것이리라. 아니면 불면으로 시달리는 엄마의 영혼과 맞닿아 있는지도 몰라. 아들의 방문을 연다. 녀석은 이불을 걷어차고 베개까지 밀쳐둔 채 단잠에 빠져 있다.

베개를 집어와 다시 머리에 괴고 이불깃을 올려주어도 깨어날 기미가 전혀 없는 녀석이다.

기분 좋은 날 녀석은 유난히 검은 눈썹을 거울에 비추며

'엄마, 나 송승헌 눈썹보다 더 멋있지?' 하며 능청을 떨곤 했었다. 나도 저 나이 때는 이 시간에 저렇게 단잠을 잤었지. 세상모르게 곯아떨어진 그 녀석의 잠이 부럽다.

이제 나이 값을 하느라고 밤도 낮도 다 새는 게야. 애써 가슴을 도닥이며 아들 방을 나온다.

"늘 건강해야 한다."

어제 아침에 딸의 안부를 묻던 아버지의 목소리가 거실에 감겨든다.

'그래요, 알았어요.'하며 구구절절 안부를 묻던 내 대답도 질펀하게 거실 한가운데 내려앉는다. 인생이란 지나온 세월을 반추하고, 다가올 시간들을 짐작하며 사는 것일까.

문득 책갈피에 꽂아 놓았던 한 통의 편지가 생각난다.

서재로 들어와 분홍색 봉투에 담겨있는 편지를 꺼내들고 다시 시간을 돌려놓는다.

옛 추억이 향기로 채워진 내 친구 자영이가 보내온 가을편지 그 속에 녹아 있는 유년의 놀이들이 잠시 미소로 머물다 사라진다.

웃었다. 그 때 그 시절을 생각하니 배시시 웃음이 새어 나왔다.

행복 했었고 꿈이 많았고 신비로운 세상이 우리 앞에 환하게 열려있었다. 그리고 생각이 오늘처럼 깊지 않고 단순했으니까.

거실에 잠깐 서서 어떻게 하면 잠이 들 수 있을까 방법을 생각한다.

'그래 매취 순!' 번개 같이 떠오르는 기막힌 수면제.

술상이래야 멸치와 배추김치, 거기다 잔만은 세상에서 제일 예쁘다고 구비해둔 위스키 잔, 노르스름한 액체가 몸속의 신경을 조금씩 마비시켜 간다.

나의 술은 향이 좋고 마실수록 감미롭다. 술상엔 어느덧 빈 병이 두 개다.

나를 재울 수 있는 건 오직 매취 순 너뿐이라는 말을 속으로 되뇌이며 나는 잠자리를 파고든다.

꿈인지 생시인지 모를 꿈 속 같은 세상이 해일처럼 나를 삼킨다.

내가
살고 싶은
세상

"내가 살고 싶은 세상이라"는 이 거대한 타이틀은 무궁무진한 가능성과 또 불가능한 것들을 함께 가지고 있다. 왜냐하면 우리 모두의 인생관이 다 다르기 때문이다.

우리는 흔히 "인생이란 무엇인가, 또 "인생은 어떻게 살아야 하나"라는 의문에서 출발해 나름대로 하나의 실천적인 인생관을 정립하게 된다. 즉 개괄하면 비관주의와 낙천주의 또는 현실주의와 이상주의 등으로 크게 나눌 수 있겠다. 해서 가장 완벽하고 거룩하며 모든 이의 전범이 되는 인생관은 성인으로 불리는 공자·노자·예수·석가모니·마호메트 등에 의해 약 이 천 년 전에 창시된 종교 안에 포함되어 있다고 볼 수 있다. 이들은 모두 자신의 삶의 의의와 방식에 철저한 믿음을 지녔던 사람들이다. 그렇다면 그들은 자신들이 살고 싶은 세상을 살았을까. 서양 철학사에서는 이전의 자연철학을 탈피해 처음으로

삶의 문제를 진지하게 고찰한 사람으로서 소크라테스를 꼽는데, 그의 철학은 플라톤·아리스토텔레스 등으로 이어지다가 중세에 단절되었다. 르네상스 이후 네덜란드의 스피노자, 독일의 쇼펜하우어, 니체, 실존주의 철학자들이 모두 그들의 철학 속에서 영향력 있는 인생관을 표방했으며, 이들 외에도 다수의 문학가들이 그들 작품의 행간에서 각자의 인생관을 피력하고 있다. 개인의 인생관은 성격, 환경, 시대적 상황 등에 의해 크게 영향을 받는데, 우리가 삶의 문제를 절실하게 의식하는 것은 개인적 사회적으로 삶을 반성하게 하는 어떤 문제에 당면했을 때이다.

우리는 어릴 때부터 자신의 인생관을 찾고자 교육과 여러 가지 형태를 통해 배워왔다. 높은 이상은 배움에서부터 시작된다는 스승의 말씀을 진리로 삼고 새로운 것을 알아가고 도전하는 것에 신선한 즐거움을 느끼며 옳게 살아가는 법을 배웠던 것이다. 나 또한 정직하고 성실하게 자신의 이익보다는 상대를 배려하는 쪽을 선택하는 것이 더 옳다고 주장하시는 부모님의 생각을 존중하며 내 나름의 인생관을 설계했다. 그런데 세상은 잘 먹고 잘 노는 방법에 대해서는 가르쳐주지만 진정 인간으로서 사람답게 사는 방법에 대해서는 제대로 가르쳐주지 않았다.

인정이 고갈되고 자신이 잘되기 위해서는 수단과 방법을 가리지 않고 상대를 짓밟아버리는 세상이다. 지금 우리가 사는 세상은 물질만능의 세상이어서 얼마나 많은 것을 갖고 내가 어느 위치에 서 있느냐에만 관심이 있지 사람이 어떤 존재이고 어떻게 사는 것이 사람답게 잘 사는 것인지에 대해서는 도대체 관심이 없다. 나는 오늘을 사는 우리 모두의 실존적 고민에 대해 말하고 싶다. 누구에게나 삶은 주어진 것이다. 그러나 살아가면서 그 삶의 내용을 가꾸고 채워가는 것은 바로 그 삶을 살아가는 사람의 몫이라고 생각한다. 어떻게 사는 것이 인간으로서 사람답게 잘 사는 인생인지에 대해 우리는 한 번이라도 가슴으로 생각한 적이 있었는가. 인생의 근본 문제를 해결해 준다고 하는 수많은 종교에서도 그 문제를 해결하지 못한다. 하루에도 수 십 번씩 변하는 우리 인간들의 마음을 어떻게 다스려 갈 것인가. 마음을 비우기 위한 방법과 비워진 마음을 채우는 방법을 법정스님의 말씀을 통해 깨닫지만 그걸 실천에 옮기는 사람들이 적다는 것이다.

위에서 언급한 앞서간 성인들의 인생관을 참고한다면 "사회적으로 삶을 반성하게 하는 어떤 문제에 당면했을 때이다"라고 했다. 그것 또한 절대적이라고 주장할 수 없는 일이지만 그래도 지금 실타래처럼 헝클어진 세상에서 정의가 무엇인지 제대로 사는 삶이 무엇인지 정말 사회와 나를 접목했을 때 반성해야 할 점들이 무엇인지에 대해 우리는 잠시 깊은 생각에 몰입해야 되지 않을까.

내가 살고 싶은 세상은 이런 세상이다. 즉 사람이 사람을 알아보는 세상, 옳은 것을 옳다고 강하게 말할 수 있는 사람이 많은 세상, 상대가 잘 되면 진심으로 축하해주고, 어려운 상황에 처해있는 사람에게 따듯한 가슴으로 보듬어주고 격려해 주는 사람다운 사람이 있는 세상 말이다.

살면서 여러 사람을 만나고 경험하며 나는 여기에 와 있다. 그중에 말로 표현하지 못할 만큼 상대에게 상처내고 짓밟고 하는 사람이 있었는가 하면 한없이 너그럽고 따뜻하고 내 삶에 윤활유가 되어주는 사람들이 있다. 그런 사람이 많은 세상이라면 아마 살아볼 만 한 세상일 것이다. 살다보면 용서 못할 것도 이해 못할 것도 없다. 다만 사람에 대한 진정한 이해가 없이는 자신이나 타인을 통제할 수 없다는 생각이 든다.

한 마디를 하더라도 책임 있고 도움이 되는 따뜻한 말, 말을 하지 않아도 그 마음을 가슴으로 느낄 수 있는 믿음이 있는 사람들이 많은 세상이라면 더 바랄 것이 없겠다.

그렇게 생각해보면 내가 만나는 모든 사람들이 모두 좋은 사람들이라는 사실이 특별히 신기할 것도 없다. 확률적으로 좋은 사람들이 더 많기 때문이다. 이렇게 좋은 사람들만 만나면서 살아가고 있다고 생각하면 더없이 행복해 진다.

내가 운이 좋다고 생각하는 것도 충분히 가능하다. 지금까지 살아오면서 좋지 않은 사람보다 좋은 사람을 더 많이 만나왔기 때문에 운이 좋다고 생각하는 것이다.

우리 모두는 좋은 사람이 더 많은 세상에서 살아가고 있다. 내가 살아가는 이 세상도 당신이 살아가는 그 세상도 어디에나 좋은 사람이 훨씬 많다는 것이다. 좋은 사람과 함께 살아가는 이 세상이 좋지 않을 이유가 뭐 있겠는가. 좋지 않은 사람을 지금까지 더 많이 만났다고 하더라도 확률적으로 앞으로 좋은 사람을 만날 확률이 더 많으니까 괜찮다는 생각이 든다. 그러나 좋은 사람들을 만나려면 좋은 사람이 되려고 노력해야 한다. 모두를 끌어안을 수 있는 가슴이 따뜻한 사람, 세상 모두가 좋은 사람이 되기로 마음을 먹는 다면 우린 좋은 사람을 찾아 나서지 않아도 될 것 같다.

세상은 내가 변하기로 마음먹을 때 함께 변하는 것이며 좋은 사람도 내가 좋은 사람이 될 때 좋은 사람을 만나게 된다는 게 내 생각이다.

속담에 위인은 사상을 논하고 보통 사람은 사물을 논하고 소인은 다른 사람의 얘기를 한다고 한다. 이제 우리는 질적 수준을 높이는 인생관을 논하여 좋은 사람이 많은 세상을 만들어야 할 것이다. 그래야 진정 내가 살고 싶은 세상에서 살 수 있을 테니까.

내 인생의 노을

이쯤에서 살아온 길을 되돌아보니 지나온 세월이 아름다웠다고 비로소 가만가만 고개끄덕이고 싶습니다.

우아한 집에서 수발 들어주는 사람들을 거느리고 명령하며 왕비처럼 살아야 아름다운 삶이 되는 것은 아니기에 이쯤에서 빙긋이 웃어봅니다

길지도 짧지도 않았으나 지나온 길에는 그립게 찍혀진 발자국들도 고운 사람들과의 그림자도, 또는 작아서 시시하나 잊혀지지 않은 일상들도 이제사 돌아보니 내 인생에 알록달록 수놓아져 있음을 알았습니다. 그래서 지나온 지난날들은 수고로웠으나 가치가 있었고, 아팠으나 아름다워서 돌아볼 수 있습니다.

앞으로도 악마의 손짓에 흔들리지 않고 그저 순리대로 성실하고 정직하여 맑고 밝게 살 것이며 작은 것에도 늘 감사하며 알차고 기쁘게 살 것입니다. 그 기쁨으로 가슴 가득히 사랑만 담아 내 이웃과 벗하고 내 사랑하는 사람과 짝하여 따뜻하고

아름다운 동행을 할 것입니다. 마음을 비우고 어깨를 나란히 같은 곳을 바라보며 그래, 그랬지 맞아 맞아 하면서 고개 끄덕일 수 있도록 그리 살아볼 참입니다

그것들은 살면서 보석보다 아름답고 귀중한 추억의 재산이 될 것이기에 우리만이 아는 세계에서 탐스러운 열매를 맺을 것입니다.

세상에서 우러러 보는 대열에 끼어들어 성공한 것도 아니고 그렇다고 딱히 실패한 것도 아니며 잘나지도 않고 그렇다고 썩 볼품없는 사람도 아니라는 생각도 듭니다. 하지만 우정과 사랑은 늘 내 것이었듯이 지금도 내 가슴에 자욱져 있는 고운 벗들과의 인연은 영원히 내 것인 양 살아볼 것입니다.

산다는 것은, 살아간다는 것은 늘 고통이나 즐거움이라지만 돌아보면 그래도 살아볼만한 세상이고 웃음 지어질 일들이 더 많아서 우리 오늘도 살아지고 웃어지며 만나지는 것이 아니겠습니까.

산은 늘 그 자리에 그대로 있으면서 계절의 변화를 한 번도 거스르지 않고 물 또한 늘 그렇게 흐르면서 강으로 바다로 흘러들어 제 몫을 다하다가 때로는 수증기로 구름으로 빗방울로 혹은 우박이나 눈으로 우리 곁에 놓입니다. 그래서 산 같이 물 같이 살라고 했을까요. 모든 것을 순리에 내 맡기고 살아가는 것이 물이라면 그저 그 자리에 꿋꿋하게 버티고 앉아 계절이 오는 변화를 탓하지 않고 순하게 받아들이며 사는 것이 산이겠

지요.

우리의 인생도 마찬가지란 생각이 듭니다. 싹이 나고 잎이 나고 열매를 맺는 나무들처럼 우린 그 과정의 시간을 좀 길게 갖는 것뿐겠지요.

삶이란 것도 사랑이라는 것도 늘 함께할 때는 그 소중함을 모르고 잃어버린 후에야 비로소 알게 되지 않더이까. 늙기 전에는 젊음의 소중함을 모르다가 어느 듯 나이가 들어 몸에 이상이 오고 호흡이 가빠지고 눈이 침침해지면 젊은 날의 소중함을 깨닫게 되지요.

꽃이나 나무는 심어진 자리에 대해 투덜대지 않습니다. 어디에 심어졌건 그 자리에서 뿌리 내려 물과 영양분을 빨아들이고 햇볕을 받아들이며 줄기를 키우기 위해 온 힘을 씁니다. 그래서 꽃을 피우고 열매를 맺는 일에만 온전히 집중을 하지요.

이처럼 나무는 자리를 봐가며 꽃을 피우지 않습니다. 그 자리가 어디든 최선을 다해 자신의 몫을 다합니다. 그런데 우리 인간은 어쩝니까. 자신의 인생에서 꽃을 피우지 못하면 부모를 잘못 만났네, 친구를 잘못 만났네. 직장을 잘 못 들어갔네, 하며 온갖 변을 다 늘어놓습니다. 꽃을 피우는 삶이란 모든 일에 감사하며 자신이 맡은 일에 최선을 다하는 삶이라고 생각합니다.

살다보면 비바람이 거세게 몰아치거나 강렬한 햇볕 때문에 실패할 수 있을 것입니다. 그렇다면 뿌리를 깊이 박아 수액을 빨아올려야 할 것입니다. 삶이란 어제를 추억하고 오늘을 후회하며 내일을 희망하며 사는 것입니다. 수없이 반복되는 습관처럼 어제와 오늘을 그리고 내일을 그렇게 사는 것이 아니겠습니까. 살다보면 몸이 떨려오는 아찔한 낭떠러지도 있고 한치 앞도 보이지 않은 칠흑 같은 어둠인들 없겠습니까. 산처럼 쌓아둔 재물도 호사스런 명예도 죽음 앞에서는 가치를 잃어버리듯 사람이 사람으로 살지 못한다면 인생의 의미 또한 없다고 봅니다.

젊음도 흘러가는 세월 속으로 떠나버리고 현실도 잠시면 추억 속에 잠겨버리지 않더이까. 우리 서럽게 흔들리는 그리움이 있다고 한들 그 하나만으로 살아지는 게 인생은 아니더이다.

나 또한 멈추면 큰일 날 것 같이 바쁘게만 살았는데 어느 사이에 황혼의 빛이 비추는 것인지요. 흘러가는 세월에 휘감겨 온 몸으로 부딪히며 살았는데 어느새 여기에 와 있는지 모를 일입니다.

생사가 없는 자리에서는 생사의 겉모습을 보고 괴로워하지 않은 법입니다. 마치 관객들이 연극 속 주인공이 죽더라도 잠시는 눈물이 나겠지만 생각을 돌이켜 연극이라는 실상을 깨닫고 보면 아무것도 아닌 것처럼 말입니다.

주인공이 괴로움을 연극하지만 괴로움에 빠지지 않듯 그렇게 우리의 삶도 어느 입장에서는 놓고 가는 것이 순서라는 생각이 듭니다.

인생이라는 것이 살려고 애쓰지 않아도 그냥저냥 물 흐르듯 그렇게 살아지지 않더이다.

삶이란 자신의 신화를 이루는 것을 목표로 하여 자전거를 타고 길게 경주하는 것과도 같은 것이니까요.

그리고 오늘을 위하여 지금 생각하는 좋은 일을 지금 바로, 오늘 해야 한다는 것이 내가 사는 방법입니다.

그러므로 내 인생은 노을빛과 한 덩어리로 조화롭게 뒤 섞일 수 있는 고운 색깔을 가진 인생이었으면 합니다.

임의 향기

모처럼 그와 함께 내장사를 다녀오기로 했다. 삼일동안의 짧은 여정인데도 챙겨야 할 짐이 왜 그리 많은지 가방을 몇 번이나 풀었다가 다시 쌌다.

떠난다는 설레임에 아침을 먹는 둥 마는 둥 하고 차에 오르니 걷잡을 수 없는 피로가 밀려오며 차멀미가 났다. 차창에 기대어 창밖을 내다 보다 어지러워 눈을 감았다. 눈을 감고 있지만 나는 그의 시선이 염려하는 마음을 담고 내게 와 머무는 것을 느낀다.

부부란 무엇일까. 이처럼 눈을 감아도 상대방의 시선이나 동작을 훤히 들여다 볼 수 있는 것. 이것이 부부인가.

아침이면 나보다 먼저 깨어나는 이 사람, 혼곤히 잠든 아내의 얼굴을 잠시 바라보다 지난 밤 늦도록 방황의 날개를 달고 사유의 숲을 헤매이다 돌아온 아내의 달디 단 잠을 깨우지 않으려고 살며시 일어나 밖으로 나간다. 아내의 책상, 어지러이

널려있는 원고지와 펜, 그리고 책들, 끄적이다 구겨 놓은 원고지의 분량을 헤아려 보고 그는 아내의 잠이 얼마나 혼곤하며 또한 달콤한지를 어림하는 것이다.

아무리 깊은 잠에 빠져 있다가도 신문 뒤척이는 소리에 깨어나는 잠귀 밝은 아내를 위해 그의 발걸음이 얼마나 조심스럽게 놓이는지를 나는 안다. 남편에게 염치없는 아내로 내비칠까봐 서툰 솜씨로 아침을 준비하여 뒤늦게 일어난 아내의 불안을 막아주는 사람, 그래서 나는 그의 따뜻하고 자상한 사랑에 녹아들고 마는 것이다. 말보다는 행동이, 행동 이전에 마음이 앞지르는 사람이기에 나는 그의 움직임 하나하나에 깃든 그의 마음을 안다. 미간의 찡그림이나 시선의 방향 소소한 얼굴 표정만으로도 그의 기분을 감지하고 그의 깊은 뜻을 헤아릴 수 있게 되었다.

그런데 그는 나보다도 더 빠른 그 무엇으로 내 마음을 감지하는가. 그는 아무 표현도 없는 내 깊은 마음까지도 읽어 내며 말하지 않아도 내가 원하는 것을 알아버린다. 그래서 그 앞에서 나는 애써 고달픔이나 아픔 따위를 내보이지 않아도 된다. 내가 굳이 말하지 않아도 그는 묵묵히 내 모든 것들을 치료하고 어루만져 주며 세상 속에서 허덕이는 나를 조심스럽게 건져내기 때문이다.

사람들이 뿜어내는 독기 서린 언어들로 삶이 막막해 숨마저 쉬고 싶지 않을 때에도 그는 내게 편안한 안식으로 다가와 갖가지의 위로를 아끼지 않았다.

가쁜 호흡만큼 전신이 떨리는 억울함, 그리고 그 때문에 생긴 분노가 성난 파도처럼 높이 솟을 때도 그는 내게 그리스도의 억울함과 인내를 설명해 주었다.

내가 사랑하기에 내게 더없이 편안하고 소중한 사람, 그리고 내가 어렵고 힘들 때마다 아무 조건 없이 마음 놓고 기댈 수 있는 든든한 버팀목, 한 치 앞도 내다볼 수 없는 세상의 막막한 불안 속에서도 끝내 불빛 같은 희망을 키울 수 있었던 것은 그가 내민 손의 따스한 기운이 살아 있었기 때문이다.

아내의 여린 마음을 다칠까봐 늘 편안한 표정으로 웃어주는 사람, 내가 마음에도 없는 소리로 자신을 향해 생채기를 낼 때에도 분노 한번 내지 않던 그 무서운 절제, 나는 그의 인간적 진실과 인내를 너무나 잘 알기에 그를 존경하고 신뢰하는 마음이 한없이 깊다. 타인을 통해 받았던 가슴앓이는 그의 가라앉은 목소리와 진실한 사랑으로 치료가 되고, 그의 살가운 정으로 새살이 돋는다.

그는 내게 이 혼돈한 세상을 살아낼 강한 힘을 길러 준 따뜻한 사람이다. 그러므로 그와 함께 있을 때 나는 가장 편안한 안식의 자유를 누리는 것이다. 그것은 마치 포대기에 싸여 있는 아기의 편안함 같은 것이다. 설령 그와 시간적 공간적으로 떨어져 있을지라도 그가 펼쳐 놓은 포대기가 늘 감싸주고 있는 것 같아 나는 안심하는 것이다.

그는 내가 지니고 있는 모든 고통까지도 나누려 한다. 아니, 나누기보다 차라리 모두 맡아 짊어지려 한다. 나 한사람 외에 우리 분신인 두 아이를 합친 세 사람의 몫의 짐을 도맡으려 한다. 그리하여 늘 고달플 수밖에 없는 행장이건만 그는 그것을 고달픔으로 생각하지 않는다.

나는 그를 산처럼 여기고 그는 나를 그 산에 노니는 작은 새처럼 여긴다. 행여 잘못된 비상으로 날개가 다칠까봐 내 여린 몸뚱어리가 상할까봐 조심스런 몸짓으로 나를 감싸 안는다.

내게 턱없이 넓은 그 가슴을 말하지 않는다고 왜 모르겠는가. 그래서 나는 그 산을 떠나지 않으며 그 산의 둥지를 소홀히 여기지 않는 것이다. 그 산은 오랜 지기처럼 내게 편안하고 안락하며 자유롭기 때문이다.

때때로 밤늦게까지 원고지를 채우다 나의 부푼 상념이 그의 키를 넘어 창공을 날아다니다가도, 또한 그의 산자락을 벗어나 어느 아득한 곳의 방랑의 비상을 시도하다가도 나는 어쩔 수 없이 다시금 되돌아와 그의 따스한 산자락에 안주하고 싶어 깃을 접는다.

나는 눈을 뜨고 그를 쳐다보았다. 그의 표정이 밝아 보였다. 꽃보다 향기로운 사람, 그 향기에 젖어 나는 오늘도 순하게 길들여진 사슴처럼 그를 행복하게 바라보고 있다.

"여보, 고마워요."

"뭐가?"

"모든 것이요."

"사람, 싱겁긴."

그가 살며시 웃으며 내 손을 꼭 쥐었다. 차는 어느새 백양사를 넘어서고 우리는 내장사의 깊은 심장으로 넋을 잃은 듯 서서히 빨려들고 있었다.

마지막 외출

나직한 산 아래 집들이 모여 마을을 이루고 그 밑으로는 그저 질펀한 무논이 있으며 언덕배기엔 푸른 보리밭과 그 위를 날으는 종달새가 있다하여 서울에 사는 친구는 나를 무척이나 부러워했다.

그런 친구가 봄이 깊어지는 어느 날 내 집을 찾아왔다. 초록 향기에 젖어 푸른 잠을 자던 내 친구는 참새소리에 깨어나 베겟 머리에서 바라본 맑은 하늘도 마루를 건너와 살며시 볼을 비비는 부드러운 바람도 왜 이리 좋으냐며 어쩔 줄을 몰라 한다. 나는 친구의 연분홍 잠옷사이로 내비친 하얗고 어여쁜 젖가슴을 꾹 찌르며 "그래 좋기도 하겠다. 너 여기서 한 달만 들에 나가 비지땀 흘려 일해 봐야 정신을 차리겠구나" 하며 나무랬다. 그래도 좋겠다며 환히 웃고 창가로 가는 그녀가 나는 밉지 않다,

골프채 멋스럽게 잡고 하늘을 휘젔던 내 친구, 12파운드 공

을 움켜쥐고 볼링핀을 겨냥하던 복 많은 내 친구가 어찌 농촌의 고단한 삶을 짐작이나 하겠는가.

점심을 먹은 후 맑은 향기로 출렁이는 초록색을 찾아 산에 올랐다. 청아한 하늘 아래 돗자리 펴놓고 우리는 모내기로 분주한 들녘을 내려다보았다. 쉴틈없이 움직이며 일하는 농부들의 모습을 보며 막혔던 숨구멍이 뚫린다는 친구, 그녀의 가슴에도 저 질펀한 논 한 귀퉁이에 빽빽이 들어찬 못자리처럼 남모르는 슬픔의 늪이 있지는 않을까. 흙탕물 질펀한 무논 바닥에 종아리 성큼 걷어붙이고 열심히 일하는 농부와 그의 아낙을 무척이나 부러워하는 그녀는 할 수만 있다면 저리 살고 싶다 한다.

몇 해 전만 해도 검게 타버린 농촌의 아낙들을 보며 고개를 좌우로 젓던 그녀가 그래서 자신의 삶에 만족한다던 그녀가 오늘은 웬일인지 그 농부의 아낙을 부러워하고 있다. 자신도 저리살기를 간절히 소망하고 있다. 왜일까? 그녀에게 무슨 일이 있었길래 이렇게 생각이 바뀌버린 것인가. 그래서는 안될 그녀다. 어려서부터 농부의 힘든 노동을 죄악으로 생각했던 그녀다. 그런데 오늘은 진심이라고 간절하게 소원하고 있으니 놀라운 일이 아닐 수 없다.

저 흙탕물 속에서 그 많은 세월을 허리가 휘어지도록 육신의 힘겨움과 마음의 고달픔을 동시에 싸우며 열심히 일하는 농부의 가슴속에는 무논보다 더 넓고 큰 괴로움의 숲이 숨겨져 있음을 내 친구는 모르는 것이다. 그럼에도 논에서 모를 심어 알곡을 거두려는 의지야말로 대단한 도전이며 대범한 삶의 자세이니 누가 저 농부의 겉모습에서 아픔을 느낄 것인가. 그러기에 저 들녘 가슴을 쥐어뜯고 피땀이 질척이는 농촌을 낭만적이며 목가적이라고 보아서는 안될 일이다. 거칠고 험한 농사일을 감당하느라 삭신이 쑤시는 처절한 삶의 현장임을 그녀는 짐작조차 하지 못한다. 잘 꾸며진 집에서 해주는 밥을 왕비처럼 먹고 살아온 그녀가 노동을 이겨내려는 생존의 지혜가 있을리 없다. 지금 그녀에게 억장이 무너지는 일이 있다하여도 저 언덕배기 보리밭을 보면 가슴이 가라앉을 것이다. 지난 가을 씨 뿌려 혹독한 겨울 추위를 견뎌낸 보리밭이기 때문이다. 우리 가슴 무너지는 억장도 견디고 나면 어떤 미소가 이랑지며 물결치지 않던가. 사람을 깨우치는 일이 어찌 성현의 말씀뿐이겠는가. 오히려 신이 지으신 대자연이 아니겠는가.

사람이 살아가는 길엔 가시덩굴 얽힌 깊은 수렁도 있을 테고 산을 넘어서면 태산이 가로막아 기막힌 고비 고비가 있게 마련일진대 어찌 우리는 잘 다듬어진 평지만을 원하는지 모를 일이다.

진종일 따가운 햇볕아래 몸을 태우며 노동의 힘겨움과 남모르는 고뇌를 노랫가락 한 곡조로 풀어내는 농부들도 제 스스로 들 터득한 생존법으로 산다. 삶이 아파 노래도 구성지고 긴 가락을 뽑아내야만 막힌 숨을 간신히 쉴 수 있다는 것을 그녀가 알 리가 없다.

친구는 초록에 정신을 빼앗긴 듯 눈을 감고 하얀 손으로 잡풀들을 움켜쥐고 있다. 나는 그녀의 예쁜 귀를 풀 가지로 건드려 정신을 찾아 놓고 그녀의 마음을 헤집었다.

"혹시 너 무슨 일 있지? 연락도 없이 불쑥 찾아온 거며 농부가 행복해 보인다는 둥 저렇게 일하며 살고 싶다는 것이 네가 왠지 옛날 같지가 않아. 가끔 얼굴에 어둠이 서리는 것도 그렇고.

"……."

"너 무슨 일 있지!"

"그래 신영아, 나 기막힌 일이 있어. 너무나 기가 막혀서 못 견디겠어."

내 친구의 두 눈에 눈물이 고이고 그녀의 절망을 듣던 나는 너무나 기가 막혀 말이 안 나왔다. 그녀가 내게 안고 찾아온 혈액 암이라는 병. 시간이 많으면 1년 아니면 6개월 남아있다고 했다. 그래서 조금이라도 뜨거운 기운이 남아 있을 때 가장 편안하게 자신을 위로해 줄 것 같은 나를 찾아 왔다고 한다.

그랬었구나. 그래서 힘든 노동도 행복해 보였던 것을. 내가 둔해서 알아차리지 못했던 것이다. 가슴속에 고이던 수많은 언어들이 서로먼저 나오려고 부딪치다 결국엔 아무 말도 만들어내지 못하고 녹아버렸다. 절망으로 앉아있는 내 가슴으로 그녀가 파고들었다. 바람이 세차게 불면 생잎도 더러 떨어진다지만 아직은 이렇게 고운 너를, 엄마가 간절히 필요한 어린 것들이 둘씩이나 있는 너를, 하필이면 내 친구 너를, 하나님은 왜 지명했을까. 친구의 심장이 균형을 잃고 뛰는 대도 나는 할 말이 없다. 아니 할 수가 없었다. 다만 서로의 가슴을 합한 채 두 눈이 퉁퉁 부어오르도록 그렇게 울기만 했다.

살아 있음이 진정한 행복인 것을 친구의 아픔을 보면서 깨달았다. 이미 예약된 다음 생을 알면서도 지금 어찌 할 수 없는 그녀를 포근한 바람이 부드럽게 감싸 안았다.

산을 내려오던 그녀는 내 손을 꼭 잡고 나는 많이 가져 행복했고 너는 적게 가져 불행했다고 생각했었는데 이제 내가 너를 부러워하니 우린 서로 비긴 셈이라며 허망한 웃음을 웃는다. 한참을 흐르던 그 팽창된 침묵을 쓴 웃음으로 깨어버렸으나 다시 시작되는 무거운 침묵은 남은 해가 풀 섶에 뒹굴 때까지 이어지고 있었다.

다음 날 그녀와 나는 여행을 떠났다. 파도치는 바닷가를 거닐 때면 그녀는 소녀가 되었다. 팔랑거리며 뛰는 그 가벼운 몸뚱어리가 그랬다. 산을 오를 때도 그녀는 참새가 되었다. 맑은 소리로 한없이 조잘대는 목소리가 그랬다. 그러면서 그녀는 조금씩 마음을 비워내기 시작했다. 세상이 주었던 그 많은 것들로부터 탈출하기 시작했다. 본래의 모습으로 돌아와야 만이 진실로 다 버린 껍질이어야만이 가볍게 날 수 있음을 깨닫고 있었다.

마지막 외출이 자신의 삶을 정리할 수 있는 좋은 기회였다는 내 친구를 보내며 나는 참 많이도 울었다. 그녀와 열사흘 지내면서 나는 많은 것을 깨달았다. 어찌 살아야 하는지를 알았고, 어떻게 사랑해야 하는지를 알아냈다.

내 친구가 명품화장품과 내가 좋아하는 책 몇 권을 곱게 싸 들고 온 대신 나는 시골 냄새 물씬 풍기는 양념류를 봉지봉지 담아주고 마지막으로 고소한 참기름 한 병을 더 넣어주었지만 정말 주어야 할 것을 주지 못한 것처럼 서운하기 짝이 없었다. 내 좋아하는 친구는 내 손을 붙잡고 신영아! 넌 날 좋아했던 할머니 같고 날 낳아준 어머니 같으며 내 핏줄인 언니와도 같다며 또 울었다.

나는 그런 친구의 두 손을 모아 쥐고, 그래 넌 내 귀여운 손녀 같고 내 사랑하는 딸 같으며 내 소중한 동생과도 같다며 그녀를 가슴에 꼭 안았다.

친구는 몇 번이나 차를 멈추어 나를 돌아보고 나도 몇 번이나 손을 흔들었지만 가슴에 잔물지며 밀려오는 설움만은 막을 수가 없었다.

친구야, 내 친구야. 부디 하나님의 기적을 건지거라. 그래서 살 수만 있다면 우리 더 뜨거운 가슴으로 단 한 사람이 원하는 뜻을 좇아 진실만을 불태우다 가자구나. 나는 죽음을 향해 달리는 친구의 마지막 외출이 안타까워 가슴을 태우는데 어디서 종달이는 저리도 슬피 울어대는 것일까.

문익환을 쓰면서

몇 년 전 백이십 인의 역사인물을 소설로 쓸 수 있는 기회가 왔다. 나는 문익환 목사를 선택했고 그를 쓰기위해 부인과 딸과 아들을 만나 취재를 하였다.

죽기 전의 문익환은 "대낮에 불 켜진 램프의 모습" 을 하고 있었다고 했다. 놀라운 역설이다.

그 천연덕스러운 눈동자 속에 자신의 세계를 감쪽같이 숨겨 놓고 있었다는 것은 동시대인들은 분명히 눈치 채지 못했었다. 임종 시에는 물론, 그 후에도 그의 사랑은 은밀히 봉인되어 있었다. 그 봉인된 은밀한 역설을 풀어내고자 나는 문익환 목사를 선택했으나 갈수록 알 수 없는 수수께끼가 끝도 없이 이어지고 있었다.

그가 추구했던 불확실한 가치들, 잠꼬대인 양 언표한 온갖 시기상조의 전망들은 지금, 시대와 언어의 핏속에 깨끗이 녹아들어 순환되는 중이었다.

정확히 언제 어디서 무엇에 의해 그 같은 영혼이 태어날 수 있었던가를 알기 위해 나는 그가 이미 막을 내려 버린 뒤에 남겨진 연보를 뒤졌다. 눈물 나는 일이었다. 인간의 생애를 연보처럼 거칠게 다루는 것은 없으리라. 한 기념비적인 족적이 마감된 뒤에 그 일대기에서 간추린 굵은 자취들은 거의 유골 같은 느낌을 주었다. 출생 연월일과 주소, 학력 및 약력, 저술, 상벌 내역……. 그것은 생명이 축척한 세월의 진로가 되지 못했다.

그 메마른 뼈마디 몇 자루를 남기는 것으로 장엄한 생애가 역사 속에 암장되어야 하다니, 연보는 아무리 진실한 것이라 해도 그것이 역사인 한 피상적이고 하찮으며 또 지극히 일상적이라고 치부되는 개인적 체험의 떨림을 보존하지 않고 있었다.

한 목숨이 의지했던 것, 그가 매 순간 보고 듣고 느끼며 사랑했지만 말하지 않았던 모든 것을 관처럼 딱딱한 토막 단어의 어둠 속에 담아버리는 것이었다.

그를 좀더 정확히 알기 위해 그와 관계된 서적은 모두 찾아내어 읽어 보았으나 역시, 그는 완벽한 가면을 고른 자였다. 아무도 눈여겨보지 않게 만들고, 아무도 꿰뚫어볼 수 없게 하는 가면, 그것은 맑은 가을 하늘에 방치된 "낮달"처럼 늘 슬프게 살아야 하는 소외층들의 일상 곁에 쉽게 다가가기 위해서 고안된 것이었다.

유명인의 얼굴 한 번 보기 어려운 "전태일의 형제들" 앞에

식상할 만큼 노출되어 있기 위해서 제작된 가면이었다. 다시 말하자면 그의 생을 미괄식이라고 한다면 그것은 가면 속에서 그러했다.

3.1민주구국선언사건에서 방북사건에 이르는 그의 화려한(?) 대미는 한 생애를 완성시킨 클라이맥스이긴 하지만 그의 개인사에서 가장 찬란한 페이지도 아니거니와 가장 감동적인 부분이라고도 할 수 없었다.

그의 압권은 초입에 있었으며, 그는 태어날 때 이미 U턴의 불가능한 역사의 어느 지점에 도착해 있었다. 어떤 인간이 그처럼 전주곡이 울려버린 후에 태어났더란 말인가. 그것은 불가피하게 그의 기원을 다시 묻게 만들었다.

그래서 또 그의 연보를 뒤지게 했고 그가 걸었던 아픈 길을 들추게 했다. 그와 세계는 마치 달팽이와 당팽이 껍질처럼 결속되어 있었다. 문익환은 길림 지역에서 나고 성장한 지식인이었지만 중국을 자신의 껍질로 삼지 않았다. 중원이라는 저 유서 깊은 지괴에서 서식했던 유(儒) 불(佛) 선(禪)의 묵향을 내면의 질료로 사용한 바가 없다. 그렇다고 코즈머폴리턴적이었다고 말하는 것은 더욱 큰 잘못이란 생각이 들었다.

서양인들이 만든 거대 이념들, 가령 자유주의, 사회주의, 무정부주의, 협동조합주의, 마르크시즘, 공산주의, 사회민주주의, 보수주의, 파시즘 등등은 어떻게 각색해도 문익환적 사회의식의 바탕이 되지 못한다. 아마도 가장 근접했다고 꼽힐 민주주의도 그의 것은 새뮤얼 헌팅턴이 "문명의 충돌"을 역설하면서 말하던 것과 전혀 다른 유기질로 구성되어 있었다.

즉, 20세기의 민족주의가 일반적으로 취했던 "이방에 대한 배타성"이 그에게는 없었다.

문익환의 연보가 오보인 것은 바로 그러한 점들을 설명할 수 없기 때문이었다.

그가 태어난 자리는 조국이나 타국의 바람 찬 곳이 아니었다. 우주에서 출생지는 만주 벌판이었지만 역사의 출생부는 특정 인간들의 결단 속에 있었으니 그가 본적지를 밝힐 때 매번 국경 개념이 제거된 표현을 썼던 것은 순전히 고의였다는 것을 놓쳐선 안된다는 생각이 들었다.

그가 중국에서 났다면 교포 2세의 이미지가 씌워지고 만주 태생이라면 유랑민의 느낌을 받으며, 북간도 출신이라면 독립운동가들이 연상될 것이다. 그러나 그 모든 처량한 뉘앙스를 걷어버리고 틈새의 땅을 개척의 땅으로 고쳐서 북간도라 한다면 사정은 달라진다.

오늘날 중국은 역사상 90개 소수민족이 선진적인 한족에 동화되어 이루어진 나라라고 한다.

대개의 조선족들은 한국을 모국, 중국을 고국이라고 말한다. 문익환이 말한 북간도 사람이라면 틀림없이 이를 제국주의 열강이 자행한 침략과 정복전쟁들이 20세기 인류에게 가한 불구적인 사고의 소산이라고 구박할 것이다.

거기는 우리 선조들이 쌓았던 성터가 남아 있고, 땅속에서는 우리 선조들이 쓰던 활촉이 무더기로 나왔으며 절구 같은 생활 도구들이 땅을 가는 보습에 걸려 나왔다. 거기는 남의 나라가 아니었다.

문익환을 알기 전 나 또한 목사면 목사다워야지 왜! 정치에 속해있느냐는 비판을 일삼곤 했었다. 그것이 늘 궁금해 그를 선택했고 그래서 그를 쓰고자 했다. 문익환을 쓰면서 그를 나름대로 판단했던 부분이 수정되어지고 그의 가면을 조금씩 벗겨내면서 그를 좋아하게 되었다.

어떤 절망의 자리에도 문익환의 언어가 놓여 지면 비관적 상황이 순식간에 역전이 되었던 것은 아마도 어려서부터 발휘된 탁월한 신학자적 자질에서 나왔을 터였다.

그런데 이쯤에 와서 나는 또 골몰하고 있다. 어느 부분에서 뚫고 들어오는 그와 내 상반된 이념의 부딪침이다. 즉, 내 자신이 바라는 것들에 대한 이념의 반란인 셈이다.

그의 부인을 만나고 딸을 만나고 아들을 만나면서 남편과 아버지에 대한 존경심을 얻어낸 대신 그 집을 둘러싼 동네사람들은 한결같이 대한민국의 기본법을 무시하고 민중봉기로 사회를 혼란에 빠뜨리는 빨갱이라고 열을 올렸다. 즉 문익환의 가족은 진보의 탈을 쓴 반국가 세력들이라는 것이다. 그러니 선생님도 속지 말라고 당부 당부하는 것이었다.

그렇게 나는 문익환의 일대기를 책 한권에 담기 위해 안간힘을 쓰고 있었다. 그러던 중 머리가 지근거려왔고 어떻게 정리를 할 것인가를 고민하고 있었는데 서울에서 한 통의 전화가 걸려왔다. 우선 글 쓰는 것을 중지하라는 것이었다. 출판사에서 문제가 생겼다는 것이다. 즉 120인의 역사소설은 120인의 소설가가 쓰는 것이었는데 원고료를 모 출판사 사장이 몽탕 가지고 날랐다는 것이다. 100만원의 계약금으로 시작한 120명의 소설가들은 허망하게 손을 놓아야했고 더러는 자가 출판을 했다. 나는 거기서 멈췄다. 마음이 식어지면 다시 써보기로 한 것이다. 그래도 문익환 목사의 정신과 그의 활동범위며 또 주변사람들의 생각과 가족들의 생활을 들어다 볼 수 있어 좋았다. 때가 되면 다시 그 속으로 한번 들어가 볼 참이다.

빈 잔의 고독

산행을 하다 가빠진 호흡을 고르기 위해 따스한 볕을 받고 앉으니 자꾸만 눈물이 나려고 한다. 뭔가 슬픈 일이 있어서라기보다 딱 꼬집어서 이것, 하고 내 놓을 수도 없는 그렇게 내어 놓기조차 싫어지는 억하심정에 맺히고 사무친 것이 이렇게도 많을까. 하도 눈이 부시어 눈을 감고 볕살을 따라가니 왜. 내 삶은 이렇게도 안타깝고 절실한지 눈물이 난다.

되돌아보니 그 무엇도 내 것이요 하고 해 놓은 게 없고 그렇다고 지극히 하찮은 일상의 소원조차 마음대로 이루어 보지 못한 채 그냥 그날그날을 살아 왔음이 왠지 억울하고 분하게 느껴진다. 사람 사는 세상이 다 그런 것이고 그렇게 사는 것이 상식적인 성공이라고 나도 남들을 어줍잖게 위로해 주기도 했는데 오늘만은 나 자신에 관해서 앞으로도 또 그렇게 살지 않을 수 없음이 알 수 없는 슬픔으로 밀려드는 까닭은 어인 일일까.

이런 생각이 어찌 어제 오늘에야 느껴지는 회환이겠는가 만

은 자꾸만 눈물이 가슴 속으로 흐르는 것을 막을 수가 없다.

이 눈부신 햇살 속에서 나는 무슨 까닭으로 생활이란 것을 잠시 접어두고 저 푸른 하늘에 흰 구름 떠돌 듯 그렇게 살고 싶어지는 것일까.

이 한 세상 속절없는 권력에도 허황된 명예에도 더더구나 번쩍이는 황금에도 미련 한 끝 두지 않고 완전한 자유인이 되어 아니, 완전한 방랑자가 되어 초인처럼 그렇게 살 수는 없는 것일까. 괴나리봇짐 하나 짊어지고 풀피리 불며 햇빛 부서지는 산 고개 돌 고개 넘고 넘어서 내 좋아하는 사람들과 그 어딘가로 끝없이 흐를 수만 있다면 참으로 좋으리라. 안전한 자유인이 어디 있을까 만은 안전한 자유인이 되어 내 멋대로 마음 내키는 대로 신처럼 그렇게 살 수만 있다면 내 무얼 더 바라리.

나 혼자만 생각한다면 세상에 그 무엇이 소중하고 값지며 또 그 무엇이 안타깝고 서러우랴. 인생이 무엇이며 어찌 살아야 잘 사는 것인지. 끝없이 경쟁하는 사회 그리고 사랑하는 친구와 죄 없는 이웃과 큰 일에서 작은 일까지 낱낱이 비교하며 본의 아니게 헐뜯고 시기하며 그들보다 많이 갖고 싶어 비지땀 흘리는 게 과연 보람된 인생일까. 더러는 친구를 원수처럼 경쟁자로 모함하여 보다 빨리 보다 먼저 윗자리를 차지하는 그것이 성공적인 인생일까. 아니면 절반 넘는 거짓말로 그 누군가를 모함하여 권력을 손에 쥐고 휘둘러야 만이 승리하는 인생이던가. 양심을 아파하며 비굴해질지라도 신문과 방송에 오르내려야 안심을 하는 잘난 사람들, 크든 작든 정도의 차이일 뿐 어찌 우리의 삶이 이리도 잔인하고 고약스러워야만 하는 것인지. 잃으면 어떻고 또 얻으면 어떠랴. 잘 먹고 잘 입고 잘 산다는 것이 무에 그리 대단하다고.

그러나 승려나 수녀와 같은 구도자는 이제 싫다. 이제는 무엇으로도 나를 묶어 두고 싶지 않다. 그 무엇에도 나를 매어 두고 싶지는 않다. 바람 부는 대로 가랑잎이 불려가듯 바람 따라 구름이 흘러가듯 그렇게 물 흐르듯 살고 싶다. 황홀했던 꿈 가눌 바 없었던 감격도 이젠 가만히 가라앉히고 저 서럽게도 울어대는 소쩍새의 간절함만으로도 충분한 그런 가벼운 마음으로 살고싶다.

'마음이 가난한 자는 천국이 자기 것'이라는 성서의 말씀이 오늘만은 참으로 절실하게 다가온다. 마음이 비어 있는 자만이 새로운 것을 창조하고 또 새로운 것을 받아들이며 새로운 것을 시작할 수 있음이 아닌가. 모든 것을 내주고도 결코 서러워하지 않았던 예수의 가난했던 마음을 나는 오늘에야 진실로 깨달는다.

조용히 홀로 있어야 비로소 보이는 자신, 오늘 남은 산길을 다시 오르며 나는 마음을 비워 내리라. 그래서 다시 채울 수만 있다면 좀 더 아름답고 깨끗한 그러면서도 진실한 그 무엇을 채울 것이다. 묵은 그루터기에서 새순이 돋아나듯 굳은 땅을 헤치고 떡잎이 솟아오르듯 내 비워진 마음속에서도 저 푸르기만 한 신선한 잎 새처럼 아름답고 결 고운 떡잎 하나 곱게 기르면 아마 청새알처럼 맑은 물소린들 들리지 않겠는가.

신은 가장 영적인 존재로 인간을 만드시고 만물을 주관하라고 하셨지만 우리에겐 그만한 자격이 없는 것 같다. 누구나 그렇겠지만 나 역시 어렸을 때부터 우아하고 여유로운 삶을 꿈꾸었었다. 무도회에서 왈츠를 추는 것 같은 흥겹고 리듬이 있는 인생 만원버스 같은 고역스런 인생은 결코 아니길 바랐다. 그러나 우리의 현실은 음악이 흐르는 무도회장이 아니고 땀내가 물씬한 만원버스가 아니던가. 자신의 몸무게 하나 지탱하기에도 힘겨운 북새통, 그런 속에서 뜻하지 않게 펀치가 날아들 때면 당장 쓰러져 버릴 것만 같은 이 힘겨운 세상, 허나 어쩌랴. 여기까지 왔으니 포기할 수는 없는 노릇이지 않은가. 내 빈 잔의 고독을 채우기 위해 얼마 남지 않은 정상을 올려다보며 나는 흐르는 땀을 훔쳤다.

아! 높이 오를수록 역시 아름다운 것은 자연이었다. 푸르름으로 물들어 버린 세상 나는 오늘만은 이곳에서 정말이지 신선이 되어 저 구름같이 다보록이 펼쳐져 있는 연록의 잎새 위에서 뒹굴다 뒹굴다 새록새록 잠이 들어버리고 말일이다.

사람으로 살아가기

사람으로 살아간다는 것은 어쩌면 쉬운 것 같지만 참으로 어려운 일이다. 그렇다면 우린 사람이 아니고 짐승이란 말인가 하고 반문할 사람도 더러 있을 것이다. 모든 사람이 저 사람만 같으면 다 믿어도 돼, 저 사람이라면 모든 것을 다 맡겨도 돼 하는 그런 사람 말이다. 허나 그런 사람으로 살아간다는 것이 어디 그리 쉽기만 하던가. 말도 많고 탈도 많은 인생살이에서 우리는 모순된 일들을 수없이 겪으며 살아간다. 이것은 아닌데, 저것은 정말 아닌데 하면서 말이다. 진실이 고갈된 지금의 쇠퇴를 보면서 난 사람다운 사람이 그립다. 살아가는 모습이 다소 서툴고 어설퍼도 그냥 그 입에서 나오는 말이 다 진실인 그런 사람 말이다. 그러나 그런 사람을 만나기가 그리 쉬운 일이던가. 내가 그런 사람이오, 하고 꼬리표를 붙이고 다니는 것도 아니고 또 첫눈에 저 사람이다 하고 알아볼 수도 없는 것이 사람의 모습이다. 그렇다면 우린 어떻게 그런 사람들을 만나서 살만 나는 세상을 살아 볼 것인가.

세상에는 수많은 사람들이 자신만은 꽤 괜찮은 사람이라고 스스로 자부하며 살아간다. 그 뿐이 아니다. 상대가 나만 같았으면 하는 마음을 속으로 되뇌이며 믿어보려고 노력한다. 서로 속이고 속고 사는 것이 인생살이라고는 하지만 속이지도 말고 속지도 않으면서 서로 믿고 사는 세상이라면 얼마나 좋을까.

만나는 인연 또한 필연적인 만남이라 믿으며 서로에게 유익한 사람, 진정으로 나를 아껴주고 인정해주는 것만큼 나 또한 상대를 살맛나게 해주는 사람이 되면서 말이다. 그런 관계는 더없이 친밀하고 신뢰감이 생기며 성장이 있고 치유가 함께하여 상대가 가진 가능성을 최고로 발휘하게 해 줄 것이다. 해서 남에게 정신적인 무엇인가를 얻으려 할 때에는 내가 줄 수 있는 것이 무엇인가를 먼저 생각해야 된다.

사람과의 만남은 어떤 목적을 두지 않는 편안한 만남이 되어야 한다. 누군가를 만나면서 그는 속으로 무슨 생각을 할까 하며 짐작하지 않아도 되는 사람, 말을 잘하지 않아도 선한 눈웃음에 정이 가는 그런 사람 말이다. 잔머리를 써서 상대를 차갑고 서먹하게 하는 사람보다 장미처럼 화려하지 않아도 들꽃처럼 성품이 온유한 사람이면 좋을 것 같다. 그런 사람은 가슴으로 스며오기 때문에 마음이 편안해진다. 또한 심신이 고달픈 날에는 떠올리기만 해도 그냥 행복해지고 또 위로가 된다. 사는 게 바빠서 자주 연락하지 않아도 서운해 하지 않고 오히려 뒤에서 말없이 기도해 주며 어쩌다 연락이 되어도 그 목소리에 반가움이 가득하다. 거기에 욕심을 더한다면 속을 다 드러내지 않아도 눈빛 하나로 짐작하고 너그러이 이해해 주고 욕심 없이 사심 없이 순수한 마음으로 상대가 잘 되기를 진심으로 바라는 그런 마음을 지녔다면 더할 나위없다.

매사에 어딘가에 꼬여 부정적인 사람보다 항상 감사하고 긍정적이며 뚝배기처럼 더디게 끓어도 쉬 변하지 않은 그런 사람, 진정한 가치가 무엇인지 알고 무슨 일에도 자신을 지킬 줄 아는 그런 사람이라면 더 좋으리라. 그러면서 처음보다 알 수록 더 편안한 사람, 물질보다는 마음에 더 중심을 두는 사람, 나는 이런 사람들이 많은 세상이면 살만 나겠다. 이런 사람들은 무슨 일이 생겼을 때 든든한 의논 상대가 되어주고 실패도 진심으로 걱정해 주며 위로나 충고를 할 때에도 상대의 입장을 먼저 생각한 뒤 감정에 치우치지 않고 객관적인 판단으로 위로해 줄 줄 아는 사람이다. 또 이런 사람은 강하게 완벽을 추구하지 않고 알맞게 너그러우며 인생을 관조하는 지혜가 있는 사람이다. 그런 사람의 에너지는 상대에게 시너지 효과를 일으키고 열정으로 모든 것을 채워간다.

그러나 이러한 사람으로 산다는 것이 얼마나 힘들고 어려운 일이냐고 반문할 사람들이 많겠으나 이쯤에서 우리 터놓고 이야기해 보자.

모든 것을 자신이 생각하는 대로 살 수 있는 게 사람이다.

다만 자신의 소신을 놓치거나 객관적이지 못하거나 아니면 어떤 이익을 좇아 정상코스를 이탈할 경우를 제하면 인간은 그리 살 수 있다. 그리고 마음을 비우면 가능하다고 생각한다. 내가 조금 양보하고 내가 조금 더 배려한다면 그리고 내게 눈높이를 조금 낮추고 내 몫을 조금 덜 챙기면 될 것이다.

이런 여유와 촉촉한 인심만 있다면 나보다는 상대를 더 위하고 내 몫보다는 상대의 몫을 먼저 챙긴다면 이 모든 것은 가능할 것이다.

욕심은 주위의 모든 것을 내 것과 네 것으로 갈라놓고 내 것에만 관심을 기울이게 한다. 그 욕심 때문에 사람으로서 살아가야할 가치기준이 무너지고 결국에는 사람도 물질도 잃고 파장에 다다른다.

진정, 사람으로 살아가는데 필요한 최소한의 것들을 우리는 한 번도 동원해 본 적이 없다. 우선은 자신이 생각하고 자신만이 필요한 부분에 초점을 맞추어 놓고 모든 것을 바라기 때문에 불가능한 것이 아니겠는가.

이제 우리, 진심으로 자기 자신에게 반문해보자. 사람다운 사람으로 살아갈 수 있는 최선의 방법을 단 한 번이라도 시도 해보았느냐고.

사람이 할 수 없는 것은 하나도 없다. 다만 할 수 없다고 단정지어버리고 시도하지 않았을 뿐이다. 운명을 바꾸는 일 말고는 모든 것은 자신의 의지대로 행할 수 있는 것이 사람이라고 생각한다. 그렇다면 우리는 지금 바로 그 생각을 바꾸고 모든 불가능 하다고 생각했던 것을 가능하다고 생각하며 시도해 봐야 할 것이다.

나는 오늘 사람으로 살아가기 위해 또 마음을 비워본다.

사랑, 그 위대한 에너지

한 인간에게 무엇이 가능한가. 내 스스로에게 몇 번이고 이 질문을 거듭 해 본 끝에 '적어도 한 사람을 사랑하는 일은 가능하지 않을까'라는 결론을 내렸다. 그러나 그 대답은 너무나 쉽게 내 자신을 의심하기 시작했다. 왜냐하면 한 사람을 사랑하는 일이야말로 불가능한 게 아닐까라는 생각이 앞을 가로막고 나섰기 때문이다.

'폴 발레리'는 사랑이란 자신을 완전히 써 없애는 일이라고 말했다. 나는 이 말에 백 번 공감한다. 황홀한 기쁨으로 자신을 남김없이 써 없애는 과정에서 사랑의 진정한 가치를 느끼는 것을 아직도 나는 갈망하고 있다.

그 가치를 살리기까지는 그 가치 위에 자신의 생명도 능히 저울질하지 않고 바칠 수 있어야 하는 것이며, 죽음과 같은 외로움도 감당해 내야한다. 그러나 이러한 것들은 참으로 어려운 일이기 때문에 사람들은 절대로 그런 사랑은 존재하지 않는다고 말하고 있다.

그러나 나는 아직도 그런 사랑을 흠모하고 있다. 그런 사랑을 하는 것만이 한번 주어진 삶을 삶답게 사는 것이라고 믿기 때문이다. 사랑에다 인생의 삶의 가치를 거는 일을 사람들은 비웃을지 몰라도 그것이 내 삶에 거는 준엄한 희망이기도 하니 어쩔 수 없지 않겠는가. 그래서 나는 오늘도 그 위대한 사랑의 힘에 대한 생각을 집착하지 않을 수 없게 되었다. 사랑하는 사람을 차지하기 위해 위험을 무릅쓰고 자신을 버려본 적이 있었던가. 사랑하는 사람과 늘 함께 있기 위해 내 가장 소중한 무엇을 포기한 적 또한 있었던가. 젊은 날에는 현실과 이상의 거리가 뒤바뀌져도 아무런 죄가 되지 않았었다. 그러나 지금은 무작정 허용되어서는 안 되는 것이 너무나 많다.

그래서 위에서 말했던 두 가지는 아직도 내게 적용되지 않는다. 다 버릴 수도 또한 다 포기할 수도 없는 것들뿐이기 때문이다. 하지만 혼자만 버려서도 안 되고 둘 다 버려서도 안 되는 게 현실이다. 누군가가 그 대가를 혹독하게 치러줘야 하기 때문이다. 그렇다고 그것이 곳 죄라고 단정 지을 수는 없는 일이다.

서양에서야 서로가 좋아하면 이혼이 빈번하고 그게 크나크게 죄가 되지 않는다. 하지만 우리나라에서는 아직도 한 번의 결혼은 영원해야 하며 한 번의 생각은 끝까지 유효해야한다.

그렇기 때문에 사랑하지 않으면서도 생을 함께 마감하여야 아름다운 삶을 살았다고 가치를 쳐주지 않던가. 그리 보면 나 또한 어쩔 수없이 후자 쪽에 상당히 깊이 빠져 그것을 현실화시키려고 노력하고 있는 것은 숨길 수 없는 사실이다.

언젠가 선배와 나는 삶에 대한 궁극적인 목표는 과연 무엇일까 하는 논제로 긴 시간을 얘기한 적이 있다. 처음에는 서로가 자신에게 맞는 가장 합리적인 생각을 접목시켜 그걸 옳다고 주장하기 시작했다. 그러나 시간이 흐르고 현실에 가깝게 접근하면서 도덕과 윤리를 따지게 되었고 거기다 책임이라는 아주 무거운 단어까지 합류시켜 결론을 맺었다. 사랑, 그 미묘하고도 아름다운 갈등에서 벗어나 우린 현실에 주어진 몫을 서로 챙기기 시작했고 그것만이 자신을 빛나게 지켜주는 버팀목이라 단정 지어 버렸다.

그러나 숨을 쉬지 않으면 목숨을 부지하지 못하는 것처럼 사랑은 다시 찾아왔고 그것은 또 가슴을 헤집기 시작했다. 사랑, 그것은 우리를 살게 하고 또는 죽게도 하는 미묘한 정체불명의 침입자였다. 생각난다. 열 하홉, 그 때 내게 사랑이 처음 찾아왔다. 나는 손에 잡히지도 않은 알 수 없는 그 무엇에 사로잡혀 밤마다 몸을 뒤채고도 모자라 깊은 시름에 잠기곤 하였다. 그 때는 그게 사랑인지 그리움인지를 몰랐다. 시대와 환경, 인종과 문화에 따라 사춘기는 좀 빠를 수도 있고 좀 늦을 수도 있을 것이다. 내게 사춘기의 가슴 떨리던 사랑은 그렇게 왔다가 그렇게 무심히 가버렸다. 우리 시대만 해도 남녀의 문제는 매우 고루한 틀에 갇혀있어서 남자의 손목 한번 잡아보지도 못하고 사춘기라는 어려운 고비를 힘겹게 넘어선 것은 사실이다. 그것은 비단 나만의 고백이 아닐 것이다. 그런 어두운 시대를 살고 오늘에 이른 내가 사랑에 대해 내 나름의 독특한 의견을 가지게 된 것은 그런 까닭에서만은 아니다. 지금까지 이루지 못한 사랑을 추구하고 바라는 것들이 그나마 나를 살게 하고 나를 있게 하였기 때문이다.

그러나 지금까지 이성을 찾아 헤매기에는 내 긍지나 자존심이 지나치게 강하였다는 것을 나는 요즈음에야 깨닫게 되었다. 그렇다고 이제 와서 그걸 무너뜨리고 싶은 생각 또한 없으니 문제는 심각할 수밖에 없는 셈이다. 나는 가끔 베아트리체를 사랑한 단테를 생각해 본다. 어떤 의미에서 사랑도 죽음 못지않게 숙명적이긴 하지만, 천재가 아니고는 단테처럼 사랑하기는 어려울 것 같다는 생각이 든다.

그의 모든 작품의 인스피레이션은 오직 베아트리체뿐이었다. 한번도 안아 본 경험도 없는 한 여성에 대한 사랑이 그렇게 뜨거울 수도 있다는 것에 대한 의문이 지금도 없는 것은 아니나 단테의 정신세계만큼은 존중한다. 그게 어쩌면 내가 바라고 있는 사랑일 수도 있기 때문이다. 또한 사랑하기 때문에 멀리 떠난다는 레기네 올젠을 사랑했던 키에르케고의 사랑 또한 감동적이지 않을 수 없다. 그런 독특한 사람들에게서 나는 사랑의 형이상학을 배우게 되었고 지금도 그 기억을 놓치지 않고 있다. 하지만 우습게도 생각은 자꾸만 그곳에서의 탈피를 꿈꾸고 있다는 사실이다. 사랑은 숭고한 자신의 희생이기 때문에 아름다운 것이라고 한다. 불혹의 나이 40때에도 그랬다. 불혹(不惑)은 무엇인가. 유혹에 빠지지 말아야 한다는 뜻이 아니던가. 그러나 사람에게는 본능이라는 것이 있어서 어느 이유에서건 해결되지 않을 것들이 있다.

불혹이라는 단어가 그런 감정들을 정리해 주지 않을뿐더러 또 본능을 억제 할 수는 더더욱 없다. 결혼해서 여자가 어머니로서만 생존의 자격을 지니는 피조물은 아니라고 보기 때문이다. 그러나 모성애를 두드러지게 내세우는 까닭은 그 사랑 때문에 다른 한쪽의 파멸을 막을 수도 있다는 이유에서일 것이다.

모성애라는 무서운 에너지처럼 남녀의 사랑 또한 그러한 에너지가 충분이 포함되어 있는 것이니 과연 인류에서 이 사랑의 가치기준은 영원한 줄다리기가 되지 않을까. 그 불투명하면서도 또는 투명한 사랑이라는 것을 그래서 나는 오늘도 꿈꾸지 않을 수 없는 것이다.

사랑을 위하여

빵이 중요하지 않았다. 차라리 가난이 예술이라고 생각했다. 젊음과 아름다운 풍경 그리고 이상과 사랑만 있으면 가난은 별 문제가 될 것 같지 않았다. 부는 나의 이상과 꿈을 설득하지 못할 것 같았고 생활을 유지시켜주는 경제력은 한 가락의 음악보다 무가치하게 생각되었다.

그 때도 내 친구는 총명하고 영악하여 부의 힘을 일찍 깨달았고 생의 영위와 목적이 경제에 있다는 것을 터득하고 있었다. 그래서 그는 부를 택했고 나는 가난을 택했다. 그 친구는 정말 내가 '바보가 아닌가, 눈을 크게 뜨고 나를 바라보았다.

살아오면서 그 때 그 친구의 강렬한 눈빛과 '바보 천치' 라는 또렷한 발음을 나는 기억한다. 경제를 으뜸으로 두었던 그녀의 생활철학을 살아가면서 점점 이해하고 또 필요의 가치를 느끼게 되었다. 이해와 가치뿐만 아니라 백번 옳았다는 생각과 아울러 선구자적인 존경심마저 일지만 나는 역시, 지금도 그 친구를 조금도 부러워하지 않는다.

그 친구는 굶주리지 않고 경제의 포만으로 영화를 누리지만 그에게는 불행하게도 꿈과 이상으로 가슴을 뛰게 하는 아름다운 추억이 없기 때문이다.

우리는 인생에 대해 특히 우정과 사랑에 관해 많은 이야기를 주고받았지만 늘 미진하여 속이 답답했었다. 이상하게도 그 원인은 불확실 했고 무엇이 우리를 답답하게 하는지 조차 알지 못했었다. 그럴 때마다 나는 소리 지르고 싶었고 긴 낮과 짧은 밤의 순리에도 도전하고 싶었다. 미지의 세계 혼돈의 세계에 자신을 의식적으로 가둬 놓고 일상적인 현실과 먼 거리의 비극을 맛보려 했다. 그러면서 새로운 창조를 위한 파괴, 그 파괴의 깃 점을 나는 목마르게 기다리고 있었다. 그 파괴로 고통이 온다 해도 사랑, 그것이 아니면 살아가는 것이 무가치하다고 생각했다. 더러는 애정 문제에 있어서도 손익을 따지며 그것이 고통이라는 것을 안자들은 슬기롭게 잘도 비켜 나갔다. 그런데 나는 그 줄기에서 파생되는 작고 큰 고통의 가지를 모두 감당하며 사랑의 도취에 빠지기를 원했던 것이다.

내가 누구를 사랑할 수 있다는 사실을 경이롭게 받아드리려 하고 그로 인해 세상이 아름다워 지기를 바라며 내 삶만은 가슴 뛰는 기쁨이었으면 했다. 가능하면 분함이나 억울함 따위를 참아내 용서하는 천사의 얼굴이 되어 행동으로 벅찬 사랑의 완성을 이끌어 가고 싶었다. 누군가를 사랑하는 정열과 희열 때문에 나는 안심하고 싶었으며 그 사랑으로 단잠에 취해 행복의 꿈을 꾸고 싶었다.

그래서 친구의 배부름 보다는 감시의 공복이 더 쾌적한 낭만과 사랑을 누린다고 생각했던 것이다.

그런데 나는 원했던 사랑을 취하지 못했다. 정당한 사랑, 완전한 사랑을 고집하면서 나는 가끔 내 사랑의 뒤뜰을 살펴본다. 소망이 없는 사랑은 행복과 기쁨이 없었다. 소망이 없기 때문에 하늘과 별 그리고 바다와 숲마저 내 몫으로 돌아눕지 않았다. 소망이 없으므로 마음 설레이는 풋풋한 동경과 고뇌 그리고 목이 메이는 고독을 이겨낼 힘이 없었던 것이다.

죽음 일지도 모르는 그 의문의 바다, 잠의 절벽에 몸을 던지고도 소망이 없기에 이른 새벽 첫 눈뜸에서 만나는 형형색색의 꿈도 얼싸 안을 수 없었다. 손안에 쥐어 지지도 않은, 언제라도 가슴 뜨겁게 달아오르는 꿈을 기밀문서처럼 움켜쥐고 이것이야말로 빵보다 더 실용적이고 진실된 사랑일 거라고 믿기도 했었다.

그러나 전달되어 지지 않은 감정이 소멸하고 증발해 버린 어느 날에도 새벽 언어처럼 맑은 모습으로 다가오는 사랑이란 것, 그것은 어느 장소에서나 존재를 인식케 하는 신앙의 한 짙은 단면을 가지고 있었다. 비록 나뉘어져 있어도 같이 호흡하는 숨결이 들리고 홀로 누워도 그의 존재는 빈틈없이 에워싸는 힘이 있었다. 그러기에 사랑을 위해서 한 여자가 가져도 좋을 안락과 안정 생활의 바탕이 되는 부까지도 포기할 수 있었던 것이다. 그 사랑으로 오는 아픔과 병 그리고 그에 따른 외로움까지도 나는 사랑하려 들었다. 그러나 내 사랑은 밖으로는 풍부하고 만족하게 보였지만 실상은 궁핍하고 가난 했으며 화려한 열애에 빠진 듯 보였지만 내 사랑은 가엾도록 쓸쓸했다. 내 사랑이 가져다 준 것은 외로움과 고통, 옷을 껴입어도 춥기만 한 떨림이었다. 잠 못 이루는 버림받은 밤을 안고 뒹굴다 아침을 맞는 허무였다.

그런 밤이면 몸 따로 마음 따로의 간격이 엄청나 나는 수습할 대책을 세우지 못하고 머리를 쥐어짜곤 했다. 몸이 있는 곳에 마음이 있어야 한다는 진리를 나는 잘 알고 있다. 허면 나는 얼마나 내 마음을 내 몸이 가는데 잘 따라 다스려 왔는가. 생각하면 참으로 어처구니없게도 나는 몸과 마음을 두 동강 내어서 전혀 피가 순환하지 않은 물체로 살아 온 것이 분명했다. 몸은 그 자리에 있고 마음은 다른 곳에 가 있는 결과 적으로 그 몸에 내가 없었기 때문이다.

길을 건널 때 신호등을 보지 않고 생각 없이 건너다가 빨간 불이 켜있는 행단 보도 위에서 혼자 당황하는 일은 내게 자주 있어온 일이다. 집안일을 하다가도 문득 문득 하늘로 시선을 주고 책을 읽다가도 창 너머 먼 산 위로 영혼을 송두리째 옮겨다 놓은 일도 내게선 쉽게 일어나곤 했다.

동행이 없는 외로운 출타 내 영혼은 육체 따위에서 사랑의 병을 앓을 수 없었으며 조용히 사색할 곳을 발견하지 못했던 것이다. 어디에곤 사랑의 포식이 없었을 때 내 영혼은 육체를 원했다.

사랑이란 단념이고 상실이어서 모두 주어 버렸을 때 더 풍부해지는 것을 내 영혼은 뒤늦게야 깨달은 것이다.

내 사랑의 뒤뜰은 고통을 감수해야하는 아픔이긴 했지만 참으로 기묘한 구석도 있었다. 그 영혼의 반란은 꿈을 꾸다 돌아온 사랑의 탕자였다. 영원한 외출이 아닌 잠깐의 공간을 휘돌다 돌아온 바람과도 같은…….

그러나 지금도 나는 친구가 바라는 배부른 빵은 결코 탐하고 싶지는 않다.

사랑을 위한 줄다리기

지금까지 살아온 나날의 의미를 오직 사랑 하나에 두었듯 앞으로 살아갈 삶의 지향 또한 사랑에 두는 이 굳건한 집념에 사실 나는 몸서리치는 회의를 느낀다.

그만치 나를 어리석게도 영특하게도 하였던 사랑이라는 그 감정은 스스로의 통제가 불가피한 내 것이면서 내 뜻대로 행동이 안 되는 불가사의한 존재이기 때문이다. 그것은 내 의지를 깔아 뭉게고 내 소신을 빗나가게 하며 내 힘으로는 더욱 어쩔 도리가 없게 한다. 그래서 결국은 정신의 끝 모서리까지 일어서게 하였던 자아 속의 배반자라고 해야 옳을 것이다. 사용에 따라 병의 치유제로 더러는 병의 원인과 죽음까지 불러왔던 사랑은 무작정 사람에게 희열과 자족을 주는 행복의 티켓만은 아니었다.

나는 지금까지 사랑이라는 그 낱말 앞에 언제나 무력하게 살면서도 또한 언제나 정신의 가장 빛나는 자리에 두어 찬미하고 손에 쥔 떡을 놓치지 않으려는 듯 온 힘을 모으곤 했다. 그러나 사랑은 시련이고 고통이며 아픔이고 괴로움이었다. 장님이 코끼리 다리를 만지듯 어리석은 진실이고 말과 행동이 다른 파렴치이며, 구원이기보다는 상처받은 아픔이었다. 그리고 마땅히 하나인 줄 알았던 것이 둘이거나 여럿일 수 있다는 나름대로의 편리성이었다. 전부라고 했던 것이 한 부분이며, 희생이라고 여겼던 것이 그와 정 반대였으며 정신이라고 우겼던 것은 물질의 등가로 나타나고 진실이라고 우기던 것은 거짓이니 도무지 정체를 알 수 없는 것이었다.

그러면서도 그것은 따뜻하고 아늑한 품이 되어 주거나, 썰렁한 정신의 미망을 가로 막아주는 바람막이거나, 순간이지만 신세계를 여는 은둔한 섬에 내리는 함박눈의 축복 같은 거였다. 그랬다. 하나를 위해서 아홉 개를 포기하는, 그러고도 너그러운 용서요 마치 죽음과의 교환으로 찬란한 것을 얻는구나 싶은 두려운 생각마저 일으키는 존재이기도 하다.

무감각한 손톱 끝자리에도 연약한 살의 예리한 전율이 일어 빈손을 펴 허공을 쥐어보면 가슴 가득하게 신선한 풀꽃이 안겨오는듯한 충만인들 없었을까. 그것은 향긋한 유자 내음이기도 했다. 미숙한 젊음이 흘러간 시간을 치솟고 오르는 강렬한 향기, 혀끝을 매웁게 스쳐 깨우며 굳어 잠자는 모든 의식을 미풍처럼 일으키는 신선한 눈뜸이었다.

오직 한 곳에 마음이 열려있는 사람들에게만 반드시 화평과 희망이 마련되어 있는 것은 아닐 것이다. 그들에겐 더 혹독한 절망과 패배가 뒤따를지도 모를 일 아닌가.

전쟁에서 용사의 투지가 승리를 가져오듯 사랑에도 이 같은 가혹의 절망감을 이기고 일어서는 자에게만 가능할지도 모른다.

그 어렵고 기막힌 불변의 밤을 엎치락 대고 세면서 사람들은 왜 언제나 사랑을 제일가는 귀빈으로 모시고 절절매며 살아야 할까. 캄캄했던 마음의 갈피마다 진고름이 피어올랐던 외롭고 괴로웠던 아픈 날에도 사랑은 늘 멀리에만 있었거늘 어쩌자고 인간은 아직도 사는 것 중 사랑에 으뜸가는 가치를 두는지 알 길이 없다. 때로는 소낙비 같은 수모와 수치를 감당하면서도 그것이 아니면 삶의 의미가 없다며 죽음을 달라는 자들도 흔한 세상이다.

그것이 부를 위한 길이거나 미인이 되는 길이었다면 우리는 내던졌을 것이다. 천 번 이라도 마음을 다치면서까지 그 따위 것을 얻으려 노력하지 않았을 것이다.

명궁수가 과녁을 향해 겨냥한 화살 끝에 감도는 터질듯 한 긴장감이 있는 사랑, 아무나 가질 수 없는 보석같이 빛나는 사랑, 그런 사랑을 위해 우리는 달리고 달려서 여기까지 온 것이다.

사랑은 찬란해서 눈부시고 아름다워 향기로운 것이라며 축복이고 구원이라 생각했는데 좇아와 보니 아픔이고 고통이며 괴로움이었다. 조금은 떨리고 부끄럽지만 기어이 안기고 싶던 사람과의 사랑이 아닌 도시를 밝히는 찬란한 불빛 아래서도 사랑을 세일하는 여인들이 있는 세상이었다.

그들은 서럽고 불안하고 비관스러운 세상을 포근하게 감싸줄 것이 사랑 말고는 아무것도 없다고 생각하는지도 모를 일이다.

사랑은 겉으로 닦아서 광을 내는 빛은 아니다. 스스로 찾아와서 그 귀에 부어내리는 감미로운 속삭임은 더더욱 아니다. 우리는 사랑을 원하는 첫 행동으로 자신이 겪는 고통을 불편해하고 투정하는 것으로 시작하였다.

자신이 갖고 있는 현실은 무감각하게 받아들이고 행복을 원하는 그 단계는 인간이 겪는 어쩔 수 없는 인고라고 생각해 왔다. 그러나 진정한 우리의 인고는 바로 앞에 두고도 찾지 못했던 어두운 시력과 자신이 누운 자리에서 흙을 파내어 발을 덮으려 했던 게으름이었던 것이다. 비록 우리의 양손에 우유와 빵이 쥐어졌다 해도 그 마음에 더운 사랑이 없다면 절대로 우리는 배부르지 않을 것이다. 사랑은 언제나 쓸쓸하고 무력하면서도 가장 큰 것을 들어 올리는 힘이 있는 것이었다.

이 어지러운 혼돈의 세상, 모두가 사랑 아닌 사랑을 좇아다니고 사람이 아닌 사람으로 살아버리는 불법의 세상이다. 인생 코스를 도표처럼 그려서 기계마냥 살려는 허수아비의 손을 가진 사람들의 세상이다. 영원히 영원히 라고 외치며 아무것도 겁내지 않고 손가락을 걸어 맹세하고도 어느 날 돌아서면 그만인 사랑을 그들은 스스럼없이 해댄다.

사랑은 온유한 것이지 거칠고 사나운 것이 아니기 때문에 사랑의 의미를 안 자들은 마음 깊이 생각하고 소중한 보석처럼 사랑을 기른다.

그러나 이 세상에서 가장 행복한 사람은 괴롭고 고통에 처하더라도 사랑을 계속하는 사람이 아닐까. 사랑은 미묘한 줄다리기와 같아서.

사랑의 완성에 관하여

사랑이란 무슨 말로 설명해도 아름다운 것입니다. 왜냐하면 그것은 무엇보다도 자기 희생이 따르는 영롱한 꽃이기 때문입니다. 사실, 사랑에 있어서 자신의 소중한 것까지 포기할 수 있는 희생이 없다면 그것은 온전한 사랑이 아닐 것입니다. 자기의 것을 잃지 않으려고 발버둥 치면서 사랑한다는 것은 다분히 이기적인 사랑이요. 위선적인 사랑이기 때문입니다. 자기가 가지고 있는 소중한 것을 아낌없이 포기하면서 이루는 사랑! 그것이야말로 고귀하고 값진 사랑의 진면목이 아닐까요.

너무나도 자기만 생각하여 정과 사랑이 메말랐다고 요즘 누구나가 한탄을 합니다. 사랑을 해도 온전히 자기를 희생하는 그런 사랑이 요즘에는 드물기 때문이겠지요. 준만큼 되찾으려 하고 받을 희망이 없으면 아예 포기하는 사랑의 풍조가 요즘 어디서나 쉽게 찾아볼 수 있습니다. 이런게 결코 사랑의 참모습이 아닐텐데 말입니다. 한번쯤 자기의 소중한 것을 버릴 수 있는 사랑, 참으로 요즘엔 그런 사랑이 그립습니다. 비록 도시는 회색빛이지만 우리가 서로 등불이 되어주고 가슴을 함께 나눈다는 것은 더없이 넉넉한 우리 인간의 일이라고 생각됩니다. 따스한 눈길, 그것만으로도 서로의 마음을 거뜬히 짐작할 수 있고 주는 것이 없을지라도 받은 것 이상의 기쁨으로 만족할 수 있는, 또 서로가 서로를 신뢰할 수 있게 해주는 원천이 바로 그런 사랑이 아닐까 싶습니다.

허나, 삶의 속도는 빨라지고 그 가속을 이겨내지 못하면 낙오되는 세상의 논리 앞에 서면 공통체적 정서나 함께 나누는 즐거움은 무가치한 것이 됩니다. 그래서 사람들은 세상이 요구하는 장단을 제대로 따라 할 수 없는 것이겠지요. 그저 헛놀림 헛시늉만 내고 있을 뿐, 자신과 주위를 겸허하게 되돌아보게 만드는 반성적 사고가 빈곤해지는 시대에서 사람들은 안으로 곪아가고 있지 않습니까? 어찌 생각해 보면 매일 문단속을 확인해야 잠을 이루는 이 땅의 사람들에겐 우리가 요구하는 희생적인 사랑이란 애당초 불가능한 것인지도 모를 일입니다. 그러나 우리를 뒤덮고 있는 온갖 허위와 불신과 나태를 벗겨 낸다면 조금은 아름다운 사랑이 보이지 않을까요.

어느 책에선가 이런 이야기를 읽은 적이 있습니다. 디트리히 본 히퍼는 유한한 삶을 무척 사랑했습니다. 그는 히틀러의 감옥 안에서 고문으로 피투성이가 되어서도 정신이 잠깐씩 들때마다 눈을 뜨고 주위에 있는 사람들을 바라보며 "나는 아직 살아 있는가? 아, 나는 얼마나 행복한지"라는 말을 살아 있는 동안 날마다 되풀이 했다고 합니다. 그는 사형대로 끌려 가기에 앞서 마지막으로 다음과 같은 말을 남겨두었다고 하니, 어쩌면 그야말로 삶을 힘껏 사랑한 사람인지도 모를 일입니다. "나는 오늘 죽지만, 그러나 새 생활이 시작되는 첫날을 맞이하러 가는 길"이라고 했으니 말입니다.

우리들이 지금 세상에서 행하고 있는 일은 어쩌면 조삼모사(朝三暮四)와 같은 것은 아닐까요? 전체적으로 합은 같은데 단편적으로는 같지 않은 인생 말입니다. 이 세상을 살아가면서 우린 많은 사람들을 만납니다. 그 많은 사람들과의 만남을 우린 어떻게 장식했는지 되돌아볼 여유조차 갖지 못한 채 우리는 오늘을 또 삽니다. 그러나 우리와 꼭 만나야만 할 사람들이 있습니다. 함께 일을 하는 사람이라든지, 가족, 그리고 마음이 같은 통로로 열려 있는 사람들입니다. 무엇보다도 인생에선 마음이 같이 열려 있는 쪽의 사람들이 가장 사랑스럽고 가장 중요하다고 봅니다. 그들과 호흡을 같이 하는 시간이면 우린 아무런 부담 없이 서로의 가슴을 열어 놓습니다. 정말이지 감추고 싶었던 내밀한 곳까지 내놓아 버릴 때가 있습니다. 내밀한 곳은 지킬 수 있는 사람에게만 은밀히 전달되는 일이라서 우린 믿음을 갖습니다.

그러나 그 사람이 어느날 크나큰 오류를 범하고 말수도 있다는 걸 우린 까맣게 모르고 있는 것입니다. 사람의 마음이란 어느 장소에서 그와 비슷한 말이 흐를 때면 순간 뱉어 내는 습관이 있습니다. 그 때문에 믿었던 사람에게서의 배신감이란 이루 말할 수 없는 큰 상처일 수밖에 없습니다. 정말이지 신뢰하고 있었던 사람의 내부가 뒷걸음쳐질 정도로 다르다는 걸 나중에 알고, 그 사람을 보고 예전처럼 진실하게 웃을 수 없다는 것은 괴로운 일입니다. 어쨌든 우리는, 지금을 살아가는데 있어서 스스로의 이름을 더럽히는 짓은 삼가야 할 것입니다.

내적으로는 살인 행위를 저지르는 반면에 외적으로는 아름다운 색깔로 포장해 내놓는 그런 비인간적인 행동 말입니다.

그러나 우리의 긴장된 삶에서 그런 것들은 별스런 문제가 되지 않을 것도 같습니다. 특히, 죽음 앞에선 사람들을 생각한다면 더더욱 그렇습니다. 마음이 부서질 만큼 괴로운 시간으로 인해 우리는 간혹 눈물을 적실 때가 있습니다. 그럴 때마다 우린 지나온 삶을 되돌아 봅니다. 행여 어긋난 길을 걸어오지 않았나 해서 말입니다. 그러나 그런 부분까지도 이해하며 활짝 열려있는 가슴으로 받아들이고 또 유연하게 대처하는 것이 우리가 세상을 슬기롭게 살아가는 한 방법이 아닌가 싶습니다.

산이 높을수록 골은 깊다고 했습니다. 덕망이 높으면 높을수록 그 겸허함이 깊다는 뜻이겠지요. 강물이 모든 골짜기의 물을 포용할 수 있는 것은 아래로 흐르기 때문입니다. 그건 아래로 낮출 수 있으면 결국은 위로도 오를 수 있다는 위치니, 우리는 그걸 좀 더 배워야 할 것 같습니다. 참 사랑의 완성을 이루기 위해서 말입니다.

4

아름다운 꽃밭

생각 바꾸기

오늘은 시골집에 가기 위해 이른 새벽에 일어났다. 꼭 두 달 만이었다 나물 몇 가지와 묵은 김치, 거기다 약간의 밑반찬을 준비하여 글 쓰는 동료 두 분을 뫼시고 출발했다. 두 분 중 한 분인 김 선생이 몇 달 전 전남대학병원에서 자궁 말기 암 진단을 받고 수술을 했다. 다행이 수술은 잘됐고 건강하게 회복하였는데 자꾸 불안하고 두려움과 불면증이 수반되어 병원엘 갔더니 우울증 초기증세라는 진단을 받았단다. 담당 의사 선생님께서는 좋은 곳을 찾아다니며 여행도 하고 친구들과 맛난 음식도 먹으러 다니다 보면 우울증 같은 것은 날려 버릴 수 있다는 조언을 해주며 당신은 할 수 있다며 용기를 주었다고 한다. 김 선생과 긴 통화 끝에 그럼 날 잡아 바람이나 한번 쏘이러 가자고 했던 것이 오늘이 네 번째의 외출이다. 그동안 좋은 곳에 가서 밥도 먹어보고 화려한 백화점에 가서 쇼핑도 해보고 자연을 찾아 광주 근교로 나들이도 했다. 조금씩 좋아지는 것 같았는데 예전 같지는 않았다. 그런데 오늘은 달랐다.

시골길이 정겨운 내 고향에 꼭 한번 가봐야겠다고 벼르고 벼르던 두 사람은 길가에 흐드러지게 피었다가 져버린 국화꽃의 마른 몸을 보면서 꽃 춤을 추었다.

나이가 60이 넘었는데 어쩌면 저리 소녀 같을까. 나는 그녀들의 행복한 모습을 보며 그래, 나이가 무슨 상관이랴! 꽃 보면 웃고 새보면 노래하는 것이 진정 아름다운 나인 것을 하며 안심을 했다. 무엇보다 반가운 것은 김 선생의 예전 모습을 볼 수 있어서 다행이었다. 그녀는 늘 웃기를 좋아하고 긍정적인 사고를 갖은 고운 사람이었다. 그런데 암이라는 선고를 받고부터는 말이 줄어들고 정신적인 피로를 느끼며 늘 불안해하여 주위사람들을 안타깝게 했다. 그런데 오늘은 달랐다. 밝게 웃는 모습이 옛날 그대로다.

우린 중간쯤에서 차를 돌려 화려하지는 않아도 어릴 적 흔적이 숨 쉬는 들녘을 보며 잠시 호흡도 고르고 홀통 해수욕장으로 들어가 겨울바닷가를 서성이다 점심때가 다 되어서야 집에 도착했다

텃밭에 남은 배추가 지친 몸을 살포시 땅바닥에 내려놓고 숨죽여 있고, 앞마당 모란은 알몸이 부끄러워 몸 돌려 앉아 수줍어하는데 그래도 감나무 끝에 매달린 홍시가 화사하게 우릴 반겼다. 마당에 잔디는 푸른빛을 안으로 감추고 노란 옷으로 갈아입고 늘어져 자고 있었다. 시골 냄새 흙냄새 맡아 본지가 얼

마만이냐며 만지고 밟아대는 소녀 같은 두 분을 보니 웃음이 절로 나왔다. 그들이 알기나 할까. 여름 땡볕에 앉아 잔디에 올라온 잡풀과 주변에 사정없이 돋아나는 수많은 풀들을 직접 호미 들고 매야 한다는 것을. 그리고 비어 놓은 집이 이 정도 정리가 되어있게 하려면 얼마나 힘겨운 노동을 해야 한다는 것도 그들은 알 리가 없다. 그러거나 말거나 그 분들은 주변을 왔다 갔다 하며 산만한 아이들 같이 호들갑이다.

우선 배가 고프니 밥부터 먹자며 무안 해제에서 사온 숭어회를 떠서 상에 올려놓고, 손가락을 잡아매는 낙지와 싱싱한 굴회, 거기다 굴전까지 만들어 놓으니 훌륭한 상이 차려졌다. 안주가 있으니 술이 있어야 금상첨화라고 하는 김선생의 주문에 제법 향이 나는 매실주를 한 주전자 담아다 놓으니 세상 부러울 게 없는 상차림이다. 두 분이 술잔을 주고받고 하더니 세상사 별거냐며 수술 후, 우울증에 걸렸다던 김 선생이 젓가락 장단을 치며 '봄날은 간다'는 노래를 간들어지게 부르지 않겠는가. 그러나 어쩌랴! 이미 일은 터지고 이왕 이렇게 된 것 마음껏 흥에 겨우라고 술이나 따를 일이었다. 그것도 정신적으로 스트레스를 받아 병이 다 나았는데도 불안하여 걱정을 사서 하신 분이 봄날은 간다며 소리를 질러댄다. 연분홍 빛 얼굴이 꼭 진달래꽃 같았고, 활짝 웃는 모습이 개나리 같이 화사했다. 상을 물리고 나는 뒤란으로 돌아가 웃자라 넘어진 채 말라버린 풀들을 걷어냈다. 작년에 꽃 보듯 본다고 심어놓은 작고 매운 고추의 마른 몸을 움켜잡고 뽑아내며 올해는 여기다 꽃을 심으면 참 좋겠다는 생각을 했다.

날이 어둡기 전에 뒷산에 올라가 보자고 보채는 그녀들과 함께 뒷산에 올랐다. 이 아름다운 날을 선물로 주신 신께 감사했다. 들녘을 내려다보니 농부들이 심어놓은 양파와 마늘밭이 잘 정리된 모판 같이 가지런해 보였다. 그들이 땀 흘려 심어놓은 결실은 저리 푸르게 자라고 있는데 정작 수확의 기쁨은 어쩌자고 그리도 작은 것인지. 나는 갈수록 어려운 농촌 사람들의 모습이 안쓰러워 가슴이 쓰렸다. 지금도 창고에는 팔지 못한 벼가 그만저만 쌓여있어도 또 논갈이를 하고 밭갈이를 하는 농촌 사람들, 이제 그들의 비워진 가슴을 무엇으로 채운단 말인가. 갈수록 농협에 빚만 늘어간다며 긴 한숨만 내쉬는 농촌 사람들의 애환을 정부는 알기나 할까.

“선생님! 병이란 게 몸에서만 생기는 게 아니지요?”

“그려, 여기 사람들을 보니 내 생각은 사치란 생각이 들구먼. 병은 몸에만 있는 게 아니었어. 저 들녘을 보니 몹쓸 병은 나라에도 있구먼. 팔지 못해 버려진 배추를 보니 마음이 너무 아프네. 난 생각만 바꾸면 되는 것을 어쩌자고 못된 생각으로 멀쩡한 몸을 괴롭혔는지 몰라. 박 선생 정말 고마워. ”

그랬다. 멀쩡하게 다 나은 몸둥아리를 붙들고 오만가지 생각으로 자신을 고문하는 것은 사치스러운 생각이었다. 저렇게 온 몸을 다 바쳐 지어 놓은 농사가 겨울 서리에 삭아 내리는 것을 보면 기가막일 일이다. 그러기 때문에 생명은 신의 뜻에 따라 죽고 사는 것이라고 믿어버리면 마음이 편할 것이라고 윽박지르듯 말하는 나를 보며 배시시 웃는 선생님의 모습이 평안해 보였다. 배추 값이 똥값이라며 소라도 먹인다고 경운기에 멀쩡한 배추를 싣는 농부의 한숨소리를 들으니 왜 그리 가슴은 서리 맞은 듯 시려오는 지. 검게 타 주름진 얼굴을 보자니 왜 그리 마음이 아픈지 모를 일이었다. 저녁에 집으로 오시라고 다짐을 받아놓고 우린 시장을 보러갔다. 이왕 두 분을 초대했으니 동네 노인들 다 모셔오자는 여인네들의 마음이 얼마나 곱고 아름답던지 가슴이 뭉클했다.

지지고 볶고, 조리고 무치고, 세 여인네들의 빠른 손놀림에 상은 빠르게 또 화려하게 차려졌다. 갑작스레 마련된 동네잔치였다. 다행이 마을회관에 가져다준다고 호박떡을 한 상자 해온 것을 보태니 그럴듯하게 상이 차려졌다.

작은 소찬에도 저렇게 좋아라며 웃는 내 고향 사람들, 하찮은 저녁 식사 한 끼가 저들에게 위한이 되었던지 고맙다는 인사를 수도 없이 한다. 나는 김 선생의 얼굴에 생기가 도는 것을 보며 생각을 바꾸면 저리도 좋은 것을. 정말 다행이구나. 김 선생께 당신은 할 수 있다고 용기를 주었던 담당 의사선생님께 고마운 생각을 하며 가슴을 쓸어내렸다. 추운 날씨에도 두 여인들의 훈훈한 인정으로 하여금 내 고향의 겨울은 아늑하고 따뜻하게 데워지고 있었다.

순수와
비 순수

이 세상에 그 어떤 것도 그냥 얻어지는 건 없으리라.

더구나 내가 소원하여 얻었던 것들은 무엇이든지 그 대가를 지불해야 했다. 이를테면 어떤 것은 허망한 물질을 요구하는가 하면 또 다른 것들은 피멍든 가슴앓이를 내 놓으라고 했다. 그 뿐만이 아니었다. 그것들은 시간을 뺏고 밤까지 점령했다. 그렇게라도 해서 얻으려 했던 것들은 비 순수하게 살아내고자 했던 자신만의 만용이었다.

순수와 비 순수는 가장 멀리 있는 것 같으면서 가장 가까운 거리에 공존하고 있다. 겉보기에 아름다운 모습이 순수하다지만 가장 자기다워 지는 게 비 순수가 아닐까. 그렇다. 나는 이 순수 자체를 지키기 위해 지금까지 완벽한 연기를 해 온 셈이다. 허나 가장 비 순수할 때 인간은 순수하다는 걸 모르고 있었던 것이다. 작년 가을에 누군가가 심하게 가을 병을 앓고 있는 내게 그것은 크기 위한 과정이라고 위로했다. 지금 내 감성은 허황의 날개를 달고 끈 떨어진 연처럼 무방비 상태로 허공을 헤매고 있다. 그러다 어디에 걸릴지 또 떨어질지는 모르지만 다만 내려앉을 자리를 찾기가 몹시 힘들뿐이다. 이것은 언제나 적나라한 우직은 직선으로 움직인다는 논리 때문에 스스로를 건사 하는 데는 정말이지 서툰 것이다.

때로는 가슴에 잡히는 "나"라는 자아 개념마저 알 수 없으니 어찌 힘들게 얻었다고 했던 것들의 비애가 없겠는가.

사물을 바라보는 안목은 항상 소박한 선으로 움직인다는 사실이 영원한 진리처럼 느껴지던 때도 순수 그 자체를 살아내고자 할 때의 눈이었다. 헌데 지금에 와서 비 순수를 선호하는 이 비바람직한 논리는 내게 이디서 왔단 말인가. 삶의 발목에는 언제나 사슬이 감겨 있었고 천둥 번개 치는 날들 속에서도 순수하게 살기를 원했던 나는 지금 지치고 고단한 것이다.

그래서 잠시 살아온 삶을 되돌아 보며 허망하다는 생각을 깊게 하는 것일 게다.

그랬다. 순수, 그 하나를 지키기 위해 나는 열을 버렸고 순수, 그 하나를 얻기 위해 나는 내 인생을 걸었다. 그래서 얻어진 것이 있다면, 그래서 또 잃은 것이 있다면 그건 둘 다 허무 그 자체라고 말하고 싶다. 그렇다고 지금에 와서 내 인생을 완벽한 실패라고 말할 수도, 또한 완벽한 성공이라고는 더더욱 말 할 수가 없다. 다만 요즘에 일어나는 심적 변화에 의하면 그렇다는 것이다.

이제 그만 껍질을 벗어버린 새처럼 날고 싶다. 그래서 날 수만 있다면 그 날개에 힘주어 이 지구가 한 눈에 보이도록 높이 올라서 훨훨 날고 싶다. 그리하여 내가 진정 원하는 것, 내가 그리도 간절히 바라는 것을 취하고도 후회하지 않을 것들을 거두고 싶다.

지금 창밖엔 감미로운 봄비가 시름처럼 내리고 있다. 그것들은 몸을 섞어 또 어디론가 흘러갈 것이다. 떨어지면 땅에 스미어 언젠가는 흐를 수 있는 것들, 정해진 법이 없어도 꼭 그렇게 되고 마는 이 순수한 순리. 그런데 그 자연을 다스리는 인간인 나는 마음대로 안 되는 게 너무도 많다.

무수히 걸려 채이던 돌부리를 부여잡고 울기를 일삼던 어린 날부터 지금까지 이것이 인생이겠거니 하며 살아왔다. 그런데 언제부터인가 인생이란 무엇이며 어떻게 살아야 잘 사는지에 관해 의문이 생기기 시작했다.

원인은 거기에 있었다.

나는 내 인생에 관해 심각하게 생각해 본 적도 노력한 적도 없었다. 아니, 생각할 틈이 없었다고 말해야 더 정확할 것이다.

내게 관계된 사람들을 좀 더 잘 건사하기 위해 나는 모든 에너지를 아끼지 않았다.

될 수만 있으면 그들의 얼굴에 미소를 피워내려고 노력했고, 할 수만 있다면 나보다는 그들이 행복해지기를 소원했었다.

그들에게 좀더 완벽한 연기를 보여주려고 나는 모질게도 내 몸을 혹사시켰고 그들의 배를 채우기 위해 나는 실한 열매마저 아끼지 않았었다.

그래서 얻어진 것은 늘 피곤을 동반하게 했고 언제나 손해 보는 방법을 택하게 했다.

이제 이쯤에서 그만 쉬고 싶다. 그래서 순수한 그 누군가가 나를 위해 비 순수가 무엇인가를 진정 깨달을 때까지만 그동안 비워져 허망한 내 잔을 채워 주었으면 좋겠다. 그래서 내 삶의 가치를 정의롭게 해주고, 살아왔던 날들의 헌신이 결코 헛된 것만은 아니라고 손수 위로도 보태주면 좋으리라.

그리고 순수와 비 순수는 같은 원리의 성질을 가지고 있는 한 동행일 뿐이라는 말도 잊지 않았으면 좋겠다.

순수, 그렇다. 순수처럼 아름답고 고귀한 것은 없으리라. 하지만 순수처럼 참아내야 할 부분을 많이 요구하는 것도 없다. 해서 순수를 위한 나의 연극을 이쯤에서 마칠까 한다.

순수는 너무나 많은 것을 포기하라 요구하기 때문이다. 이제는 포기했던 것들을 건져 올려 가장 나답게 살아봐도 되지 않겠는가. 왜냐하면 비 순수는 가장 순수하기 때문에…….

태풍 민들레를
마중 가던 날

세상에서 제일 위대한 예술은 자연이다. 거기엔 우리가 누릴 수 있는 아름다움이 가득하다. 자연은 때론 음악이며, 그림이고, 시이다. 그것은 태초부터 계속되고 앞으로도 계속되는 미완성의 대작이다.

어느 날 나는 그 미완의 대작 어느 한, 귀퉁이로 떠나기 위해 간단한 가방 하나를 둘러 멘 적이 있다. 왜였을까?

모두가 태풍 '민들레'를 피하여 둥지로 찾아드는데 나는 가장 완전한 둥지를 벗어나기 위해 우산을 집어 들었다. 우산은 내 작은 몸 하나 보호해 주기는커녕 자신의 몸둥아리도 간수 못하고 휘청거리더니 아예 내 손을 벗어나 달아나 버렸다.

그래, 이 비 바람 속에 너를 동반한 내가 바보지! 나는 그냥 걷기로 했다. 다행스럽게 옷이 젖지 않았을 때 택시가 와 주었다.

"어디로 모실까요?"

"비가 제일 많이 올 것 같은 곳으로요."

"네?"

"아닙니다. 터미널로 가주세요."

기사양반이 내 생각을 짐작할 리가 없었다. 그는 의아한 표정으로 나를 돌아보며 농담도 잘 한다며 웃는다. 농담, 그가 농담으로 받아주었기에 망정이지 다른 사람이었더라면 아마도 정신 나간 사람쯤으로 생각하고 눈을 흘긋거렸을 것이다.

생각보다 날씨는 위험스럽지 않았다. 섬진강, 여위었던 강물에 살이 통통 붙었다. 온통 흙탕물로 가득 차버린 강줄기에서 시선을 거두어 건너편 쪽을 살폈다. 강 건너편 작은 집 지붕이 바람에 들썩거린다. 그 할머니가 사는 집이다.

작년 여름, 매취순을 사러 들어갔던 조그마한 상점이다.

두어 평이나 되었을까. 초코파이 몇 박스에 그리고 새우깡과 과자 몇 봉지, 거기다 음료수 약간과 주류를 대강 갖춘 냉장고가 한 켠에서 손님을 맞았다.

그런 곳에서 매취순을 찾는다는 건 무리란 생각이 들었다. 그렇다고 다른 술을 살 생각이 추호도 없었기에 그냥 찾아든 목적을 알렸다. 할머니는 먼지를 잔뜩 뒤집어쓴 매취순 두 병을 가져왔다.

"시원한 건 없습니까?"

아무래도 헛된 욕심이란 생각이 들었지만 여름인지라 나는 그 말을 기어코 뱉어버렸다.

"찾는 사람이 없어서 냉장고에 넣어 두지 않아."

맞는 말이었다. 작은 냉장고에 예비물건까지 채워둘 상황이 아니었다. 그렇다고 안주가 갖추어져 있는 것이 아닌지라 안주가 될 만한 과자봉지들을 뒤적여 몇 개 넣고 거기다 꼭 필요하지도 않은 음료수 까지 담아 계산을 했다. 잘 계시라고 고개를 숙이고 사점을 나왔다. 그리고 어디쯤에다 차를 세우고 우리는 나무 그늘을 찾았다.

"시원하지는 않아.'

"왜!"

친구는 의아해 하는 표정이었다. 시원하지 않으면 아예 사지도 않았던 애가 의외라는 것일게다.

긴 설명 끝에 우리는 한 잔씩 따라 놓고 물빛을 보았다. 유유히 흐르는 강물처럼 우리도 그렇게 시간 속을 흘러가고 있었다.

"좋으니?"

"그러엄."

내 친구는 언제나 내 편이었다. 그냥 좋지 않아도 내가 좋다면 그래 나도 좋아! 했던 친구다. 사왔던 것들을 늘어놓고 먹던 나는 갑자기 물건의 양에 비해 가격이 턱없이 싸다는 것을 그때에야 생각해 냈다.

매취순, 두 병에 음료, 과자, 또 이것 저것… 아무리 계산을 해 봐도 답이 나오질 않았다.

"애! 아무래도 할머니가 계산을 잘못한 것 같구나. 그냥 무심코 주라는 돈을 건네주고 왔는데 이상해! 다 합쳐도 매취순 두 병 값도 못돼!"

우리는 먹다말고 챙겨서 할머니 집을 찾아갔다.

"계산이 잘못 되었어요 할머니!"

할머니는 손가락을 오무렸다 폈다를 반복하면서 다시 계산을 해 본다.

"맞는데 뭐가 잘못 되었어 젊은 색시들."

"할머니가 돈을 너무 조금 받았어요!"

할머니는 그 때에야 안심이 되는지 물건의 가격을 나열했다. 이유는 매취순에서 발생된 턱없이 낮은 가격에서였다. 우리로서는 상상도 할 수 없는 숫자를 내 놓고 할머니는 당당하게 웃었다. 말인즉, 덤빙으로 매취순을 한 차 받아서 그 가격에 팔아도 남는 장사라며 만족하게 웃는 것이었다.

그랬다. 턱없이 낮은 가격으로 팔아도 틀림없이 남는 장사다. 하지만 모두가 그렇지 않다는 현실이 우리를 당황하게 한 것이다.

"아직도 많이 있나요?"

친구는 싸다는 것 때문인지 매취순의 재고량을 물었다.

"많지는 않고, 봐야 알지 뭐."

"남은 것은 가격을 더 올려 받으셔도 돼요. 할머니!"

난 안타까운 듯이 할머니를 설득하려 애를 썼다.

그러나 할머니는 고개를 절래절래 흔들며 안 된다는 것이다.

"그거 그럼 저희들 다 주세요."

내 친구의 욕심으로 나머지를 차에 싣고 나오며 나는 할머니의 그 정직하고도 고운 마음을 가슴에 담았다.

사실, 할머니가 덤빙으로 사들인 가격을 생각한다면 그렇게 팔아도 남는 장사였다. 하지만 시중 가격에 비해 너무나 턱없이 싸기도 했지만 그런 산골 작은 슈퍼에서는 모든 물건이 비싸다고 인식이 되어 있는데 할머니 집은 그렇지가 않았다.

돌아서는 등 뒤에 대고 단감을 많이 심어놨으니 가을에 꼭 와서 가져다 먹으라던 인심 좋은 할머니의 집. 나는 그 아련한 추억을 떠올리며 그날은 할머니의 지붕이 몹시 걱정이 되었다. 태풍이 할머니의 지붕을 날려 버릴 것만 같아서였다. 그렇게 할머니 집을 지나서 버스는 하동에 닿았다.

태풍이 제법 모양을 갖추고 달려들었다. 머리며 옷이며 제자리에 있는 게 없었다. 저만큼 묵직하게 버티고 있는 다리를 향해서 쏟아지는 빗줄기를 고스란히 몸으로 받아내며 걸었다. 비를 맞고 싶었다.

그것도 실컷 그냥 두들겨 맞고 싶었다. 하늘을 향해 얼굴을 들고 눈을 감으니 빗줄기가 굵어지면서 속도를 가했다. 춥지 않고 시원했다. 또드락 또드락 얼굴을 갈기는 빗줄기의 강도가 제법 따갑게 후려쳤다. 삽시간에 온 몸에서 물이 줄줄 흘러 내렸다. 그래, 이렇게 온 몸이 물에 몽땅 젖고 싶었지. 나는 만족했다. 다리 난간에 발을 올리고 강물을 보았다.

강물에 떨어지는 빗방울들이 자잘한 꽃을 피워내고 있었다.

삶이 지치고 고단할 때 누군가로부터 간절한 위로를 받고 싶을 때 가끔은 온 몸을 아끼지 않고 세상에 던지고 싶어질 때가 누구에게나 있을 것이라는 생각을 하며 난간에서 발을 내려 몸을 돌렸다.

이제 어쩐다! 작정한 목적달성은 했으니 출출한 배를 채우고 버스를 타고 갈려면 옷을 갈아입어야 할텐데.

인심 좋은 식당 아주머니의 배려로 샤워를 하고 점심을 맛있게 먹고 가쁜 하게 일상으로 돌아왔던 태풍 민들레를 마중 하던 날이 오늘은 새삼스레 그립다.

아름다운 꽃밭

모처럼 식탁을 떠나 둥그런 밥상을 차려 식구가 빙 둘러 앉아 식사를 했다. 그 옛날 어릴 적 어머니께서 차려준 밥상이 생각나서였다. 하늘에 떠오르는 한가위 보름달처럼 어머니는 늘 웃고 계셨고 우리는 그 밥상 앞에 앉아 조잘대며 가족의 사랑을 배웠다. 어머니의 밥상은 늘 우리들에게 아름다운 꽃밭이었다. 반찬은 한결 같이 다를 게 없었지만 그 상위에 피워내는 어머니의 정성은 늘 우리들이 기다리던 향기로운 꽃밭이었다.

"내 꽃밭에 앉는 사람은 그 누군들 귀하지 않겠느냐!"

어머니는 길손의 밥상을 차려내면서도 그리 말씀하셨다.

둥글게 둥글게 제비새끼처럼 비좁게 앉아 우리는 그 사랑의 꽃을 쪼아먹으며 자랐다.

지난 4월 24일 어머니 생신 날, 꽃보다 곱게 웃으시는 어머니의 얼굴을 보며 나는 가슴이 아팠다.

세월이 지나간 흔적위에 깊어진 주름을 매만지며 어머니! 하고 가만 불러보니 괜스리 눈물이 났다.

당신의 삶을 오직 자식을 위해 헌신하신 어머니, 그 세월을 살아오시면서 그 무엇도 아끼지 않으셨던 당신!

"어머니! 고마워요."

어머니는 나를 가슴에 꼭 품어 주셨다.

아직도 따뜻하기만 한 어머니의 품속, 아 내 아이를 나도 이렇게 품었었구나!

어머니는 내 등을 가만가만 도닥이시며 "내아 새끼" 하셨다.

그 세월을 오직 자식들을 위한 염원으로 당신의 삶을 불태워버린 어머니, 어느 에미가 자식을 마음에 두지 않으랴만은 내 어머니는 유독 자식들을 챙기고 또 잘 되기만을 바라며 사셨다.

이미 에미가 되어 자식을 기르고 사는 내게 "몸은 성하냐! 밥은 거르지 않고 잘 먹으냐"고 물으셨다.

아직도 어머니에게 나는 안심이 안 되는 어린애인 것이다.

그 옛날 물레를 돌리시면서도 어머니는 내게 그랬었다.

실을 뽑아 가족들에게 따뜻한 옷을 지어 입히고 목화를 곱게 타서 따뜻한 이불을 만들어 가족에게 덥히는 게 얼마나 행복한 일인 줄 아느냐고…….

언제나 한복을 곱게 차려 입고 할아버지 소반상을 차려 내던 어머니는

“어른은 언제나 마음과 정성을 다해서 모셔야 복을 받는 법이다”라고 내게 누누이 이르셨다.

생신날 온 가족이 모인 자리에서 어머니는 말씀하셨다.

“식탁은 가족이 함께 모여 일상을 이야기하고 사랑을 나눌 수 있는 좋은 자리다. 똑 같은 음식을 함께 나눠먹는다는 것은 모든 일도 함께 의논하고 타협하여 좋은 결과를 만들어야 한다는 뜻이다.

그랬다. 어린 날 어머니의 꽃밭은 늘 둥그런 밥상이었다.

어머니는 그 밥상위에다 당신의 사랑을 꽃피웠고 나눠먹는 법을 가르치셨다. 서로 나누고 산다는 게 얼마나 큰 축복이며 행복인가.

모처럼 둥그런 밥상에 앉아 그 어린 날의 어머니의 꽃밭을 생각해 본다.

오늘은 어머니가 차려주신 밥상이 몹시 그립다.

아름다운 여성

총명한 여성은 운명을 믿지 않습니다. 기적이나 신화 같은 것은 더더욱 믿지 않습니다.

운명이란 스스로 만들어지는 것이며 기적과 신화 역시, 자신의 땀방울이 강물을 이룰 적에 창조되는 자기 인생임을 알기 때문입니다.

지혜로운 여성은 환상과 현실을 구별할 줄 압니다. 보다 슬기로운 여성은 환상을 현실화시킬 줄도 압니다.

그러므로 자신의 신화를 창조하고 그 주인공이 되는 기쁨을 누리기도 합니다.

현대 여성들은 시집 한 번 잘 감으로써 굼벵이가 매미로 된다고 생각지 않을 만큼은 지혜롭습니다.

분별 있는 여성은 남의 흉내를 내지도 않습니다. 교육현장에서, 직장에서, 자신의 옷차림에서, 그리고 머리 모양에서도 가장 자기다워지기 위하여 진정한 자기 개성을 발견하고 확립하기 위해서 노력합니다.

사려 깊은 여성은 졸업장을 얻기 위해서가 아니라 자신의 능력을 계발하고 신장시키기 위하여 진학을 하고, 졸업을 완성이 아닌 또 다른 자기의 출발점으로 생각할 줄 압니다.

현명한 여성일수록 자기 직업을 통해 성공하길 바라며 자기 직업 속에 숨겨진 가치를 발견할 줄도 압니다. 일에서, 생활에서, 보람에서, 하물며 고통에서까지도 가장 자기다워지기 위하여 모든 감각들을 깨워둡니다. 시기나 경쟁심, 편견 등에 치우쳐 타인의 좋은 아이디어에 폐쇄적이 되는 옹졸함을 벗어나고자 애쓰며, 타인의 모든 것을 수용하듯이 자신의 일 또한 비판받을 수 있도록 개방된 정신 구조도 가지고 있습니다.

그렇다고 옛 것의 가치를 소홀하게 여기지 않으며 비록 뒤떨어진 행동일지라도 노인의 지혜와 경륜 앞에 겸허한 자세를 갖추고 있습니다. 허나, 가장 아름다운 여성은 멋을 아는 여성입니다. 멋이란 값비싼 옷으로 치장해서 생기는 것도 아니요, 그렇다고 반짝이는 보석을 주렁주렁 매달아야만 얻어지는 것은 더더욱 아닙니다.

한창 물오른 싱싱한 나뭇가지처럼 풋풋이 돋아나는 떡잎과도 같은 활기와 향기가 스며나는 여성, 목소리는 은은하면서도 잔잔하여 언제까지나 함께 있고 싶은 여성이 멋스럽고 아름다운 것입니다.

승진이나 돈벌이에 성급하지 않고 느긋한 태도로 소박한 자기적 생활을 즐길 줄 아는 여성을 보면 왠지 가까이 다가서고 싶어집니다. 그런 여성은 패션에 과감하고 철 지난 패션도 정갈하게 간수했다가 새것 같은 기분으로 입을 수 있기 때문입니다. 위급함에 처했을 때 호들갑을 떠는 여성보다 급한 일일수록 사려 깊고 여유 있는 태도로 대처하는 여성은 믿음직스럽습니다. 기쁘고 속상한 일 모두를 즉각 표현해 버리는 속 좁은 여성보다 좀 더 여유를 갖고 곰 삭여 낼 수 있는 대범한 여성이 보다 멋진 여성이라 생각합니다.

그런 여성에게는 속울음을 울만한 사정을 털어놓아도 소문나지 않을 것입니다. 동료 칭찬하기를 좋아하고 특히, 경쟁적인 위치에 있는 친구의 성공을 진심으로 축복해 줄 줄 아는 여성이야말로 아름다운 여성입니다. 이유 없이 험담을 해대는 친구라도 어느 날 짧은 안부전화 한통화로 온종일 기분이 좋아 용서해 버리는 여성은 어찌 보면, 어수룩한 것 같지만 너그럽고 편안한 여성입니다.

그런 여성은 자신이 행복하고 편안하기 때문에 가족과 이웃에게도 따뜻한 사랑을 베풀며 가슴 아린 슬픔을 보면 포근히 감쌀 마음의 소유자라 할 수 있습니다. 시장에서 콩나물 값도 꼭꼭 깎아대고 과일 하나라도 덤으로 받아내는 여성보다 추위에 떠는 할아버지가 측은해 군고구마 한 봉지라도 일부러 사주는 여성을 보면 천사만큼이나 아름답습니다. 동료의 차표도 먼저 챙기고 몇 잔의 커피 값을 스스럼없이 먼저 지불할 줄 아는 여성은 매력 있는 여성입니다. 그런 여성은 인색하지 않아 뻔히 밑질 줄 알면서도 속아주는 넉넉함이 있으며 베푸는 기쁨에 대해 대가를 기대하지 않습니다. 여성다운 여성은 아무리 직장에서 높은 지위에 있다 할지라도 가정에 돌아와서는 감성적인 안주인이 되기도 하고 주부이자 며느리이며 아내이자 엄마로서의 역할을 훌륭히 감당해 낼 수 있어야 합니다.

가정이란 이해관계를 초월한 사회입니다. 그러기에 무엇보다도 따스함을 느끼게 해야 하며 안온함으로 가족들이 편히 쉴 수 있는 즐거운 공간이 되어야 합니다. 사회는 학교에서 배우는 것처럼 인생은 가정에서 배운다지 않습니까. 그러므로 우리의 삶을 지속시켜 주는 윤활유는 고매한 학문도 막대한 돈도, 남들이 올려다보는 높은 지위도 아니라는 것입니다. 그 윤활유는 가족의 따뜻한 대화와 대가 없이 나누어지는 사랑, 그리고 포근한 여성의 아름다운 목소리가 깃들어 있는 가정만이 가능한 것입니다. 그래서 우리는 너그럽고 부드러우며 넉넉한 사랑으로 모두를 감쌀 줄 아는 여성을 좋아 하는가 봅니다.

오뉴월의 땡볕에서도 서릿발 치게 하는 것이 여성이라지만 겨우내 얼었던 대지를 녹여주는 4월의 따스한 햇볕 같은 훈훈한 마음도 여성에게는 있습니다. 그러므로 우리 여성은 그 아름다움을 지키기 위해 노력에 노력을 거듭하지 않으면 안 되는 것입니다. 그런 마음을 가진 여성이야말로 진정 아름다운 여성이라 생각됩니다.

어떤 일탈

예전에 없던 일이다. 마음이 공허하고 허허로운 것까지는 참을 수 있을 것 같다. 그러나 인생에 대해 더욱이 자신의 살아온 과거에 대해 깊이 분석하여 그것이 결국은 헛되고 헛되다는 논리로, 스스로를 옭아매는 작업은 어느 의미에서 감당키 어려운 고문이다. 그로 인하여 아침에 일어나면 가슴 한 복판이 저려오는 통증으로 욱신거리고 식욕 또한 없어져 가고 있음은 분명 일찍이 없었던 독한 병이 시작되고 있음이다.

그것뿐만 아니다. 자꾸만 깊은 생각에 사로잡혀 "인생이란 무엇이냐"에 생각을 모으고 있을 때 남편이 날 부르면 생각의 흐름을 방해한다는 이유로 목소리에는 짜증스런 힘이 실리곤 한다. 그러나 거기서 일은 끝나는 게 아니다. 결혼해서 살아온 날을 꼽아서 제시하며 가사 노동의 양을 금액으로 산출해 내놓으라는 억지도 보탠다. 거기다 더 확실한 근거를 확보하기 위해 셋째 며느리면서도 내 영역 외의 일을 감당해 왔다는 객

관적인 사실 몇 가지를 더 포함시킨다.

남편은 안타까운 듯 나를 바라보며 당신답다고 하지만 그게 정말 당신답지 않다는 말인 줄은 이미 나도 안다. 그리고 지금 내가 겪고 있는 이 절망스럽도록 허무한 마음은 오직 남편 때문이라고 억지로 우긴다. 빈껍데기 같은 마음을 낙엽처럼 건조해져 바스락거리는 마음을 채우거나 축여 주지 않는다고 남편을 끝없이 다그친다.

이제 남편은 오전에 내가 무사했다 해서 오후도 그냥 넘어가리라고 생각하지 않는다. 나의 질병에 가까운 신경질은 전혀 예측불허이니까.

이런 나를 보고 남편은 카프카의『변신』에나 나옴직한 독충 같다고 생각하는 것 같다. 한 마리의 거대한 독충으로 변신하여 침대에 누워있음을 깨달았을 때 그레골 삼사가 자신을 두고 "난 어찌된 영문인가."하고 자문 내지 자신을 반성했던 것처럼.

그러나 독충으로 변한 뒤에는 자신에 대해 나는 "내가 왜 이러지? 이것이 나의 모습인가?" 등을 반성해 보지도 않는다. 그저 나는 독충으로 행위 할뿐이다.

이미 나는 평온했던 오전의 나와 동일한 내가 아니다. 그레골 삼사는 자신도 모르게 독충으로 변했을지라도 지니고 있는 의식만은 여전히 그레골 삼사였다. 그러니까 변신한 자기 자신을 보고 "어찌된 영문이냐?"고 물을 수가 있었던 것이다. 그런데 요즘 나는 변신만 한 것이 아니라 변식까지 해 버렸다. 그러니까 오전시간에 나는 그래도 상당히 자신에 가깝다. 하지만 오후의 나는 완벽한 독충으로 변해있다. 흔히 말하듯이 내 자신과의 싸움은 정신적인 것 혹은 심리적인 것인 줄 알았는데 그것만이 아닌 것이다. 내 자신과의 싸움은 우선은 나와 내 육체와의 싸움이고 그 다음의 것이 정신과의 싸움이다. 더욱이 내가 쉽게 굴복하고 마는 경우도 후자가 아니라 오히려 전자이다.

지금은 가을이고 아름다움은 도처에 널려 있다. 다만 그 아름다움을 주워 담을만한 감각이 내게는 차단되어 있는 것이다. 지금껏은 잘 살아왔는데 어쩌자고 여기에서 나는 또 하나의 휴지부를 찍어 인생을 걸러내야 하는가. 길을 걷다가도 내가 원하는 코스모스가 피어있지 않다고 해서 주변 사람들의 순탄한 정서를 의심하고 이토록 많은 사람이 왕래하는 도로주변을 화사하게 꾸미지 못했다는 이유를 내세워 읍사무소 사람들에게 빛나거나 세련되지 못한 감각의 소유자들이라고 탓한다.

그뿐이 아니다. 결혼해서부터 지금까지 나는 정돈되어 있지 않은 물건을 보면 마음이 불편하여 견디지 못한다. 그래서 밤을 새워서라도 주변 정리를 해야 직성이 풀리는 좋지 않은 습벽을 가지고 있다. 그런데 요즈음엔 이 같은 일들에 엄청난 변화가 생긴 것이다. 흐트러진 것들을 보고도 정리하거나 치울 필요가 없다고 생각하고 그냥 그대로 둔다.

내 몸이 시키는 것, 요구하는 것만을 행동하는, 그래서 순전히 한 치의 틈도 없이 내 것에만 집착하는 요즈음의 삶은 솔직히 나 자신에게도 난해하다. 그러나 내가 이렇게 사는 것은 진정으로 인간답게 사는 방법이 아니다. 인간 의식은 원래 자신 이외의 다른 것을 향하게 되어 있음을 알기 때문이다. 책을 읽는 것도 글을 쓰는 것도 모두가 자신 이외의 것을 향한 관심과 애착이 아닌가.

반면에 먹는 것, 배설하는 것, 자는 것 등의 소위 인간의 본능적인 행위들 모두가 자기 자신에게만 향해 있다.

그러니까 본능적인 면에서 본다면 인간은 모두 동물과 전혀 다르지 않다. 인간은 본능적인 면에서 모두가 동물이기 때문이다. 어쩌면 인간이 자신 이외의 것에 관심을 갖고 애착 할 때에 비로소 동물과 다른 존재가 되는 것이다. 그런데 나는 그 동물에 버금가는 생각을 하고 생각에 따라 생활을 행하고 있으니 동물보다 더 못한 셈이다.

내가 파출부의 도움을 가능하면 받지 않는 이유는 바로 가사가 지니는 목적성 때문이었다. 그건 소외된 노동에 의해서 가정생활을 꾸려가지 않아야 되겠다는 자신만의 철학이라고 해도 될 것이다.

가족끼리 나누는 가사는 교환 가치로 보면 제로겠으나 그것의 사용가치는 만점이기 때문이다. 즉 가사는 가족의 삶을 직접적으로 만족시키고 풍요롭게 해 주는 것에 나는 목적을 둔

셈이었다. 그런데 그런 사고를 요즈음에 거부하는 이유는 무엇일까. 또한 모든 것에 대한 가치를 일일이 따지는 내 심경 변화의 원인이 어디에서부터 발생되었는지조차 확인하고 싶지 않는 게 지금 내 심리상태인 것이다.

극도의 환희와 극도의 고통은 공존한다고 한다.

그렇다면 이 알 수 없는 고통의 가장 가까운 거리에 환희 또한 존재한다는 얘기인데 지금 내 심리상태는 즐거워질 기미가 전혀 보이지 않는다.

공중에 날아가는 한 마리 새의 유선과 하늘에 떠가는 한 조각구름의 한가로움에도 내 감정은 전혀 변화가 없다. 새는 날개가 있어 비상을 시도하겠고 구름은 그저 하늘에 있어 떠도는가 보다 라는 생각에 그치고 마는 것이다.

다만 극도로 상승하는 것은 내키지 않는 일에 짜증을 부리고, 반복된 일상을 거부하는 것이다. 또, 내 인생은 어디 있으며 난 무엇을 향해 예까지 왔고, 앞으로 이 빠져나갈 수 없는 내 일상에 나머지 인생을 투자할 수 없다는 항으로 남편을 공격하는 것이 유일한 탈출구이다.

이 방자한 행동이 언제까지 진행될지 자신도 모르겠거니와 또 어처구니없는 논리로 채찍을 휘두르는 아내의 행위를 그가 지속적으로 받아 줄지는 더더욱 알 수 없는 일이다. 그러나 분명한 것은 시간은 탈 없이 흐를 것이고 흐르는 시간 따라 또 다른 시간이 오겠기에 나는 그 병의 막장을 어렴풋이 짐작한다.

요정놀이

칠월 어느 날 우리는 시원한 바람과 작은 섬을 찾아 나섰다. 작은 배에 몸을 실을 때만 해도 큰 기대는 없었다. 그런데 바람을 가르고 쏜살같이 질주하는 배위에서 바람을 만날 때부터 가슴이 벅차올랐다. 바람은 연한 살을 하고 있었다. 부드럽게 목덜미에 와 닿을 때마다 매끄러운 감각이 신선하게 느껴졌다.

물새가 평화롭게 날으는 바다 한가운데 파도를 안고 조용히 돌아 앉아 있는 작은 섬, 그 섬은 작은아버지께서 소유하고 계시며 지인들이 가끔 쉬어가는 곳이다. 배는 우리를 그 섬에 내려놓고 돌아가 버렸다. 섬은 우리가 방문할 것을 예측하지 못한 것 같았다. 파도가 가져다 놓은 온갖 쓰레기도 그냥 안고 자신의 몸 또한 정갈하게 치장도 하지 않은 채 멍하니 앉아있었다. 하지만 그런 것은 상관하지 않았다. 우리가 그 섬에 왔다는 자체만으로도 충분히 즐거웠기 때문이다.

그 섬에는 사람들이 다녀간 흔적이 여기저기 남아 있었다. 거기다 우리가 잠깐 쉬어도 좋을 예쁜 집도 있었다. 우리는 조

심스레 다가가 문을 열었다. 제법 모양을 갖춘 거실이며 두 개의 방과 욕실도 있었다. 바다가 보이는 창문을 열자 맨 앞줄에 섰던 바람이 기다리기라도 했다는 듯이 온 몸을 휘돌아 뒷문으로 빠져나갔다. 바람의 행렬은 끝이 없었다. 가장 시원한 바람을 가슴으로 안으며 우리는 아! 하고 소리를 질렀다.

바위 위에 조심스럽게 걸터앉은 작은집, 그날 우리는 아름다운 추억을 만들며 만찬을 벌였다. 누가 먼저랄 것도 없이 바다를 향해 노래를 부르기 시작했다. 참으로 오랜만에 마음 놓고 큰소리로 불러본 가곡들… 파도는 그 가락을 실어 뭍으로 나르기 시작했다.

아! 이 자유로움, 싱그러움, 그리고 편안한 즐거움, 삶의 현장을 탈출한 여인들의 광란은 참으로 요란했다. 한없이 쏟아지는 햇살 같은 웃음소리를 바다는 옥색으로 물들이고 있었다. 노래로만이 이 즐거움을 표현할 수 없음인지 갖가지 춤들이 등장했고 우리 외에는 아무도 없다는 사실에 옷차림마저 자유로웠다. 아무리 소리치고 뛰어도 나무랄 사람 없어 좋았고 시간 맞추어 주방에 서성일 일 없어 좋았다.

얼마동안을 그렇게 웃고 뛰었을까. 배가 고파왔다. 굳이 격식 갖춰 상을 차리지 않아도 도리에 어긋나지 않았고 곱게 앉아 밥을 먹지 않아도 흉 될 일 없으니 얼마나 좋았겠는가.

배도 부르고 바람도 시원하여 모두가 여기저기에 몸을 눕혔다. 간밤에 설친 잠이 사르르 눈을 감겼다. 친구의 푸념 같은 옛날이 비몽사몽 들리고 그 뒤안길에 얻은 성공이 고뇌로 아름다웠다. 얼마를 잤을까. 벗들은 바다에 몸을 담그기 위해 갖가지 옷으로 몸을 가리고 나갔다. 나는 피로가 풀리지 않아 다시 누워버렸다. 그러나 잠은 오지 않고 온갖 상념이 머릿속을 어지럽혀왔다. 몸을 세워 창가에 앉히니 푸른 물결위에 물새가 날았다. 파도가 치건 말건 자유로이 노닐던 하얀 물새는 청산을 날아 어디론가 떠나고 있었다.

무릎위에 올려놓은 손가락마다 바람같이 묻어오는 그리움, 기다림, 사랑, 그 따뜻한 언어들이 소리 없이 바다위에 풀어지고 있었다. 아직 고백하지 못한 말들도 떠나간 물새처럼 섬 주변을 맴돌다 사라졌다. 바람이 거칠게 달려들었다. 긴 머리카락을 장난스럽게 흐트려 놓은 후 옷소매 깃을 타고 쏴 하니 가슴까지 하고 들었다. 탁자 위에 놓인 보리차 한 잔으로 목을 축이고 나는 돛단배를 풀어 그 감미로운 언어들을 거둬들이기 시작했다. 그것은 내 몸의 모든 살 속에서 품어 나오는 때 늦은 사랑의 열정이며 빛 고운 장미꽃처럼 붉은 추억이며 그리움이다.

벗들이 보고 싶어졌다. 아직도 살기가 가시지 않은 태양은 섬을 태워버릴 듯한 위세로 번득였다. 작은 천 조각으로 하늘을 가리고 모래밭으로 열린 길에 발을 옮겨 놓았다. 소나무를 둘러싼 들풀사이에 기명색 산나리가 군데군데 자리를 잡고 요염하게 앉아있었다. 산나리는 참으로 곱고 눈물겨운 놀 빛깔을 몸에 흘리며 살포시 웃고 있었다. 그 유혹을 빌어 아름답고 싱그러운 여자가 되고 싶었다. 단 한 사람이 기꺼이 원하여 받아들이는 감미로운 여자, 편안한 휴식이며 질 좋은 과일같이 단맛이 부드러운 여자이고 싶었다. 한참이나 눈길을 주며 소원을 채우던 나는 산나리의 그 가는 허리를 휘어잡고 말았다. 코끝을 타고 온 몸으로 스며드는 연한 향이 더위를 식혀 주었지만 생기를 잃어 시들어 가는 꽃잎을 보며 나는 후회하고 있었다.

벗들의 웃음소리가 들렸다. 그 웃음소리는 맑고 투명 했으며 행복하고 즐거운 웃음소리였다. 내 발걸음이 빨라지고 있었다. 벗들은 아주 장난이 심한 어린아이들처럼 물속을 휘젓고 다녔다. 그 모습은 어릴 적 수영을 배울 때와 같았다. 어쩌자고 저 나이에 저리도 첨벙대며 수영을 배워야 하는지, 웃음이 절로 났다. 수영을 가르치는 선생이 따로 없는 까닭에 선배 한분이 자기식대로 고개를 물속에 박고 발을 동당거리면 몸이 뜬다고 해서 벗들은 물을 많이 먹은 모양이었다. 그 모습들을 보고 있자니 기가막혔다. 수영은 그렇게 하는게 아니라는 내 말에 박장대소하고 웃는 벗들의 웃음을 파도가 잘게 부수고 있었다. 사각거리는 바다 주변을 거닐다 몇 개의 돌을 주워 바다 위에 띄웠다. 톡톡톡 물수제비를 만들다 결국에는 실종하고 마는 돌을 바라보며 허망한 생각이 들었다. 손에 잡았다가 놓친 고기처럼 내 손을 떠난 세 개의 돌이 다시 돌아올 수 없듯이 우리의 인생도 한번 지나간 시간들은 다시 돌이킬 수 없을 것이다. 다만 오늘 이 섬에서 만들었던 추억은 어느 날 기억의 갈피에서 우리의 마음대로 재생시켜 오늘 이 날을 상상해 볼 수는 있을 것이다.

섬을 떠날 시간이 가까이 다가 왔다. 아쉬웠지만 벗들은 누군가가 준비해 놓은 맑은 물로 몸을 헹귀 내고 마른 옷을 걸쳤다.

작은 섬과 작은 집 그리고 시원한 바람과 옥색바다, 우리는 이쯤에서 오늘 계획한 요정놀이를 끝내야 할 것 같았다. 저 만치 선장의 손짓이 보이고 바람과 섬은 우리를 뭍으로 돌려보낼 준비를 서둘고 있었다.

아쉬워 되돌아본 그 작은 섬은 참으로 아름다웠다.

비닐우산의 추억

비가 내린다. 집에서 나올 때만 해도 내리지 않던 비가 점차 세차게 내리기 시작한다. 남광주 시장, 새벽 4시부터 9시까지 열리는 이 시장을 나는 참 좋아한다. 오늘도 그 시장을 가기위해 일찍 일어났다. 5시에 출발하여 30분쯤 걸어서 시장에 도착했는데 비가 내리는 것이다. 우산이 없어 난감했다. 미리 예감이라도 했는지 사람들은 우산을 쓰고 장을 보고 있는데 나만 우산 없는 빈손이다. 우선은 비를 피하기 위해 시장 안으로 들어갔다. 그런데 유난히 내 눈에 들어오는 것이 있다. 건너편 그릇가게 옆에 둥그런 통에 담겨있는 비닐우산들이다. 난 하얀 바탕에 분홍색 점들이 예쁘게 찍힌 비닐우산 하나를 집어 들고 펴보았다. 참 이쁘네요. 주인은 자신이 잘 골라다 놓았다는 듯 만족한 웃음을 웃으며 이쁘지요, 라는 말을 몇 번 더 보탰다.

1950~60년대에는 '지우산'이라는 종이우산과 '비밀우산'이 있었다. 여기에서의 '지우산'이란 '대오리'로 만든 '살'에 기름

먹인 종이를 발라 만든 우산을 말한다. 내가 어릴 때는 비가 오면 '지우산'을 받고 다니기도 했다. 그렇다고 비가 올 때마다 썼던 것은 아니고, 어쩌다 운이 좋으면 할아버지나 아버지의 외출용 '지우산'을 얻어 쓰는 경우다.

한지가 물에 젖으면 찢어지지 않도록 들기름을 끓여서 한지 위에 골고루 발라 온돌방에 세워서 보송보송하게 말린다. 대충 이런 식으로 지우산을 만드는데 실제의 정성과 손질은 여간 어렵고 힘든 것이었다.

지우산의 전성기도 잠깐 왔다가 1960년 중반기에 등장한 비닐우산에 밀려 쇠퇴하다 지금은 그 자취조차 찾아볼 수 없는 희귀한 골동품이 되고 말았다.

어린 시절 어쩌다 운 좋게 걸려든 비닐우산은 내게 보물과도 같은 것이었다. 지금 비닐우산은 단단하게 만들었지만 그 때는 대나무를 갈라서 살과 손잡이를 만들었다. 종류래야 하얀색과 파란색이 고작이다. 비가 오는 날이면 물이 찬 검정고무신의 찔꺽거리는 소리와 한발 한발 내 딛을 때마다 비닐우산의 털썩거리는 소리는 하나의 하모니를 이루었다.

비닐우산의 특징은 빗방울이 비닐에 떨어질 때 나는 소리다. 얇은 비닐은 빗방울이 떨어지면 토드락토드락 유난히 큰 소리를 냈다. 비가 많이 내리면 소리는 더 크고 이슬비가 내리면 소리가 매우 작았다. 마치 정다운 친구가 귀에 대고 작은 목소리로 속삭이는 것 같은 느낌이다. 투명비닐을 이용하여 만들었기 때문에 대개 일회용으로 사용하였고 잘 간수하면 두어 번 정도는 더 사용할 수 있었던 수준의 우산이었다. 얇은 비닐을 사용했기 때문에 자칫하면 잘 찢어지는 것이 흠이었다. 그러다 바람이라도 부는 날이면 비닐 우산은영락 없이 뒤집어져 순식간에 부셔져버리고 우리는 빗속에 덩그마니 서있기 일쑤였다. 그 비를 맞으며 집에까지 오고 나면 작은 몸은 오돌오돌 떨리고 할머니는 아이고 내아새끼 하며 당신의 치마를 들쳐내 얼굴에 흘러내리는 빗물을 닦아 내곤 하셨다.

어렵던 시절 우리들은 비닐우산을 쓰는 것만도 행운이란 생각을 했다. 당시 아이들의 대부분은 비오는 날 맨발에 검정고무신, 거기다 하얀색이나 파란색 비닐우산이면 최상의 패션이었다. 따닥거리며 비닐에 떨어지는 빗방울 소리가 유난히 커서 재미도 있었고 마다리나 비료포대를 뒤집어 쓴 아이들을 보면 자신을 우쭐하게 만들었던 게 비닐우산이었다. 그러나 이것도 세태의 변화와 더불어 어느새 슬그머니 주변에서 자취를 감춰버렸다. 그런데 요즘에는 색깔도 다양하고 모양도 무척 예쁜 비닐우산이 비 오는 날이면 영락없이 시장이나 마트에 나와 있다.

그러나 이토록 인기가 있었던 비닐우산도 1970년대 말 2단 접이식 자동우산이 본격 생산에 들어가면서 서서히 빛을 바래가기 시작했다. 조금만 바람이 불어도 뒤집히거나 부러져 1회용 우산 노릇조차 제대로 하지 못한 탓도 있었지만, 대부분 수

작업으로 생산되어 수지타산이 맞지 않았기 때문이다. 여기에다 자가용 승용차가 늘어나면서 비닐우산은 갈수록 설 자리를 잃어갔다.

그뿐이 아니었다. 1990년대 중반부터는 중국산 플라스틱 우산이 마구 수입되는 바람에 비닐우산 제조업체들이 대부분 도산해버렸다. 그러나 비닐우산은 여전히 우리들의 마음 한구석에 추억으로 아로새겨져 시로 승화되기도 하고, 때로는 현대미술의 한 장으로 탄생되기도 한다.

요즘은 집에 좋은 감으로 만든 멋진 우산들이 식구별로 한두 개씩 이상은 가지고 있다. 그것도 유명브랜드의 디자인이 좋은 우산도 많다. 사람들은 가끔씩 그 브랜드의 우산을 은근히 자랑삼아 쓰고 다니기도 한다. 그런 걸 보면 어쩐지 격세지감을 느낀다.

나는 빗속으로 들어가기 위해 비닐우산을 펴 들었다. 토드락 토드락 빗방울 소리가 정겹다. 장을 보기 전에 습관처럼 시장을 한 바퀴 돈다. 그것은 어쩌면 같은 야채라도 싱싱하거나 값이 싸거나 하기 때문일 것이다. 다양한 먹거리가 구성되어 있는 이 시장에는 먹거리만큼이나 다양한 사람들도 많다. 그래도 꼭 내가 가서 머뭇거리는 곳은 야채를 놓고 파는 곳이다. 다 자라서 넌출넌출한 상치와 아직 여물지 않아 여린 상치를 뽑아와 가지런하게 정리해 놓고 파는 아주머니는 오늘도 신이 나 있다. 난 그중에 여린 야채들을 골라든다. 작지만 샐러드로 먹기엔 안성맞춤이기 때문이다.

아주머니는 나를 쳐다보며 '이렇게 비가 많이 오는 날에는 큰 우산을 쓰고 나오시지 작은 비닐우산이 뭐요. 몸도 못 가리겠구만' 하며 걱정까지 해 준다.

그 때 바람이 확 불어와 내 손에서 비닐우산을 빼앗아 저만치 던져버린다. 갑자기 불어오는 바람이 아니었다. 간간히 불던 바람 속에 끼어 들어온 힘센 놈이다. 나는 얼른 아주머니가 쳐 놓은 천막 안으로 파고들었다. 비닐우산은 저만치서 몸뚱아리를 이리저리 굴리며 나뒹군다. 나는 아주머니 우산을 집어들고 비닐우산을 잡으러 나섰다. 다행이 망가지진 않았다. 늙은 오이와 호박 하나를 사서 시장 가방에 집어넣고 분홍색으로 치장을 한 비닐우산을 들고 집으로 돌아왔다. 우산살이 조금씩 휘어졌지만 다시 손질하여 말리며 나는 옛날 대나무 살로 만든 우산이 생각나 빙긋이 웃었다.

의자와 권력

몇 년 전의 일이다. 새로 지은 면사무소 준공식장에서였다. 너른 마당에 천막을 치고 면장, 군수, 도의원, 군의원, 파출소장, 농협조합장 등 통칭 기관장으로 이름 되는 분들이 천막 아래 마련된 의자에 앉았다. 그리고 마을 이장을 비롯해 행사에 동원된 지역민들은 마치 사열 받는 신병들처럼 줄을 맞춰 선채 한여름의 뜨거운 땡볕을 새마을 모자 하나로 버티고 서 있었다. 그 신병들 중에는 70~80이 넘은 노인들도 포함되어 있었다. 검게 탄 구리 빛 얼굴에 농협마크가 찍혀있는 녹색 모자를 꾹 눌러쓴 얼굴 위로는 굵은 땀방울이 뚝뚝 흘러내리고 있었다. 동원된 노인들은 그 흐르는 땀을 장작개비 같이 거친 손으로 훔쳐내느라 여간 고생이 아니었다. 그 모습을 보다 못한 한 청년이 주최측에 거칠게 항의를 했다.

"에어컨 바람 쐬면서 펜대 돌리는 양반님네들은 차양 그늘에 앉아있고, 웬 종일 쌔빠지게 일하는 노인네들을 땡볕에 세워두

는 것은 무슨 경우요? 이러고도 동방예의지국이라고 말할 수 있소!"

주최측은 성가신 쉬파리 쫓듯 항의하는 청년을 행사장 구석으로 몰고가 어르고 달래느라 진땀을 뺐다.

"이 사람아 우리가 행사 한 두 번 해 본 사람들인가, 어르신들께는 미안한 일이지만 이것이 윗사람들에 대한 예우니 어찌할 것인가. 금방 끝나니 조금만 참아주게."

"참기는 뭘 참아요! 당신들 아버지가 저렇게 땡볕에서 땀을 쏟아내며 힘없는 다리로 버티고 서 있어도 참으라고 하시겠습니까?"

그걸 보고 있던 청년들이 여기저기 들고 일어나 분을 못 이겨 한 마디씩 뱉어냈다.

"맞아요! 말로만 동방예의지국이지, 이게 어디 어른 대접하는 꼴들입니까? 젊은 인간들은 그늘에서 그것도 의자에 턱 버티고 앉아있고, 나이 들어 서 있기조차 힘든 노인들을 모셔다 대접은 못할망정 땡볕에 세워 죽을힘을 다하여 버티게 하다니요. 거기다 저렇게 줄줄 흐르는 땀은 보이지도 않아요! 그러고도 당신들이 사람입니까?"

행사를 주관했던 관계 기관에서는 예견치 못한 상황에 당황하여 어찌 할 바를 모르고 의자에 앉아 있는 사람들에게 가서 무슨 죄지은 사람처럼 굽실거렸다. 나또한 그런 모습을 보고 있자니 가슴에서 불덩이 같은 것이 치밀어 올랐다. 가장 낮은 자리에 앉아서 농민들을 위로하고 격려를 해 주어야 할 사람들이 그 의자에 버티고 앉아 권위의식에 꿈틀대고 있었으니 정신이 바로 박힌 젊은 청년의 눈에 곱게 보일 리가 없었다. 청년들 몇 명이 더 몰려들어 주최측과 실랑이를 벌인 끝에 기관장들의 권위를 내세우던 천막을 걷어내는 선에서 타협을 보고 행사가 진행되었다.

옛부터 동서고금을 막론하고 의자는 권력과 부의 상징이었으며 왕실과 귀족 등 상류층에서 그 이용을 제한했다. 지금도 인도에서는 힌두성회를 개최할 때 의자가 거래되는데 카스트 제도에서 가장 하층민은 돈을 주고도 의자에 앉을 수 없는 것으로 알려져 있다. 우리의 경우도 예외는 아니어서 왕좌, 권좌는 권력의 아이콘으로서 의자의 빗댄 말이며, 두루 쓰이는 '좌장' 이라는 표현 또한 의자와 관련이 있다.

어느 해였던가? 그러니까 제58회 광복절 행사가 특별히 인상적이었던 때가 있었다. 그동안 단상에 배치해 오던 주요인사 좌석을 모두 단하에 배치하고 독립 유공자와 광복회원 사할린 동포 등 33명이 대통령 등과 함께 식장에 동시 입장해 함께 자리에 앉은 것이 보기 좋았다. 권위주의 해체라는 새 시대 과제의 첫 단추가 단상단하를 수평으로 맞춘 의자의 평등 실현이라는 점은 그동안 권력이 얼마만큼 집요하게 의자의 불평등을 고집했는지를 확인해 주는 대목이었다. 그때 나는 그 모습들이 얼마나 아름답고 좋은지 가슴이 뭉클했었다.

왕좌이건 X자형 접이식 의자이건 간에 의자는 안락과 능률을 위해 설계된 발명품이다. 권력자에게 특별한 의자가 헌사되는 까닭은 태평성대의 길이 열리게끔 더 깊이 생각하고 더 깊이 고민하라는 배려이지 거들먹거리면서 권위적으로 사람들을 부리라는 뜻일 수는 없다.

의자의 만들어진 과정과 그 참뜻은 이렇게 현저하게 다른데 그 용도를 결정하는 것은 우리 사람들이었기에 지금까지 의자의 사용용도가 사람을 저울질하는 도구가 되어 버린 것이다.

예술가에게 체험적 단계가 예술의 본질임을 우리가 시인한다면 예술가의 어깨 너머 저만치 보이는 달그림자 한 줄기도 분명 과거에서 다져진 오늘의 창조 그 한 몫 이었음을 우리는 부정할 수가 없다. 누구라도 그것을 무시하고 얕보게 되면 아무리 그의 현재의 위치가 내노란 듯 자랑할 만한 지위에 있다 하더라도 이에 사상누각이 되고 말 것이 뻔하다. 때문에 과거를 바탕한 현재의 변화가 단단한 굳힘이 되고 또, 올바른 지침이 될 수 있다고 본다.

즉, 의자를 통해 권력과 지위를 과시했던 과거가 있었기 때문에 새로 지향하는 미래는 그것을 바탕으로 단상단하의 평등한 새로운 시도를 할 수 있었고 그것이 우리에게 지난날의 잘못된 과오를 제 교정할 수 있는 기회가 되었던 것이다.

요즘 우리 주변을 둘러보면 그런 의식과는 아무런 상관없이 자신보다 낮고 소외된 서민들을 돕고 보살펴주는 분들이 생각보다 많다. 그런 분들이 있기에 그나마 위로가 되고 마음이 훈훈해지며 사회가, 또한 우리의 삶이, 그래도 지탱되어지지 않는가 하는 생각이 든다.

그 날 준공식을 마친 시골 면사무소가 또 다른 행사를 어떻게 치렀는지는 확인할 방법이 없지만 그래도 나라의 가장 큰 행사가 의자 관행을 깼다는 면에서 그 청년들의 항의는 헛되지 않았을 것으로 보인다.

자연과 인간

버스에 올랐다.

한라산 기슭을 이리구불 저리구불 돌고 있을 때 꽃을 잉태한 봄바람이 가쁜 숨결로 바다를 건너 산안개를 거두며 어디론가 이동하고 있었다.

나는 버스 창문을 반 쯤 밀었다. 상큼한 산내음이 우둔한 후각을 세척하며 스며들었다.

초록을 바탕으로 요염하게 드러누운 풀잎이 어느새 시선을 갈취해갔다. 나는 손짓하는 풀잎의 끝자락에 반사되는 영롱한 보석의 아름다움에 그만 눈을 피하고 말았다. 인생을 초로(草露)에 비교한다더니 이를 두고 하는 말일까. 그 영롱한 이슬은 바람이 불어도 가슴 조이고 벌레의 애무에도 위험을 느낄것만 같다. 금빛 햇살이 쏟아지는 돌담 밑에는 노란 유채꽃이 화사하게 피어 있었다. 밤이슬로 산뜻하게 치장을 한 그 가슴위로 바람꽃 무리가 부드럽게 스쳐갔다.

간들거리는 꽃잎에 내 유년이 잠시 머물었다.

차마 눈이 부셔 감아버려야 했던 고향의 유채 꽃밭, 온 몸으로 꽃을 안고 카메라를 유혹하던 소녀는 겁도 없이 나비가 되어 꽃밭을 노닐었다.

그 진한 꽃내음, 그 화사한 빛깔, 어찌 그 무리지어 앉았던 유채꽃의 찬란함을 그냥 보고만 있었겠는가. 벌과 나비는 한 폭의 그림처럼 요염하게 앉아 작은창자를 채웠고, 그 아름다운 모습에 감격해 버렸던 소녀의 눈망울, 아! 무던이도 흐드러지게 피었던 그 유채 꽃밭의 향연은 어린 가슴에 짙은 색깔로 영원한 수를 놓고 말았던 것이다.

한라산 북쪽 산기슭을 거슬러 오를 때에야 유채꽃은 멀리 도망치고 있었다. 오른편으로는 제주 시민의 식수로 공급 된다는 수원지가 보였다. 오염되지 않은 물이었다.

버스는 헐떡이는 심장의 노폐물을 토해내며 첫 매표소에 도착했다. 나는 산을 조금 더 오를 양으로 동행자를 청했지만 모두가 거절이었다.

가족단위로 나이 지긋한 분들을 모시고 왔던 터라 그만두었다.

모두가 펼쳐진 전경을 감상하고 있을 때 나만이 산행을 욕심으로 서둘렀다.

태초의 전설과 신비함을 지닌 산의 오묘한 비밀을 조금씩 감탄하며 산행을 계속했다. 그들의 발길에 돌마저 닳아 윤이 나고 나무뿌리는 밖으로 노출되어 사람들의 등살에 맥을 못 추고 있었다. 얼마나 올랐을까. 땀이 등골을 적시고 달관되지 않는 다리는 한계를 느끼게 했다. 심한 갈증까지 찾아왔다. 나는 억지로 더 올랐다. 능선을 넘어 계곡으로 접어드니 시원한 물소리가 났다. 사막에서 오아시스를 만난 듯 반가웠다. 물의 양은 적게 흘렀지만 그 차가운 물맛에 간장이 서늘하여 오싹 정신이 들었다.

제주도를 예부터 삼다도라 했지만 무슨 돌이 그렇게 많은지 산 전체가 돌이었다. 그 돌의 모양도 제각기 달라서 그대로 운치가 있었다. 이제 한계의 끝을 알리는 신호가 다리를 통해 접근해왔다. 돌아갈 힘을 모으기 위해 넓적한 돌 위에 몸을 앉혀 잠시 숨을 돌렸다. 푸른 소나무가 다보록이 산을 덮고, 그 위를 나는 작은 새가 봄을 노래했다. 봄이 되면 연록색 수양버들이 저수지 물위에 제 멋대로 늘어진 모습이라든가 방천 둑에서 웃음을 선사해 주는 개나리, 진달래, 여인들의 산책, 낚시꾼의 한가로움, 그런 모습은 결코 아니었다. 그저 푸르고 푸른 그 자체로 아름다웠다.

사위가 조용하여 잡다한 생각에 정신을 곤두세우는데 갑자기 '후다닥, 탁!'하며 무엇인가 한 길이나 뛰었다. 노루였다. 눈 깜짝할 사이 노루는 산등성이 저쪽에서 사방을 두리번거렸다. 나는 나무꾼과 선녀를 맺어준 사슴을 생각해 냈다. 어쩌면 사슴과 정다운 애기를 주고받을 수 있는 기회를 놓친 것만 같아

아쉬웠다. 흥분된 마음을 거두며 남으로 뻗은 능선을 밟아 내렸다. 수분을 힘껏 빨아올려 원대로 성장한 넉넉한 나무 가지와 풍우에 견디다 못해 성장을 멈춰버린 키 작은 소나무가 나의 상하체를 훑어 내렸다. 햇볕이 따스한 양지쪽에는 머지않아 피어날 철쭉꽃 봉오리가 애절하게도 계절의 시기를 놓칠세라 봄볕을 힘껏 껴안고 있었다. 아직은 이른 그 풋 가슴에 내 마른 입술을 포개니 철쭉의 야한 향기가 온몸으로 퍼져 마취되고 있었다. 그뿐이랴 서쪽으로 펼쳐진 기암괴석은 흡사 병풍을 쳐놓은 듯 아름다운 모형들이었다. 일찍이 조물주는 돌을 떡 주무르듯 했더란 말인가. 그 오묘한 솜씨에 감탄이 절로 나왔다.

산과 들, 그리고 바다가 함께 연출해내는 이 아름다움이야말로 자연의 신비 그대로 였다.

삼월 동풍, 아지랑이 장난에 눈이 풀렸다. 모든 초목이 만족한 미소로 하늘거렸다. 아! 만약에 봄이 오지 않았다면 겨우내 견디며 참아왔던 나무들의 소망은 어찌 할뻔했는가. 깡마른 가지에서 솟아날 새잎은 어찌하며, 아름답게 피어날 꽃들은 얼마나 계절을 원망 했을 것인가. 사계를 변함없이 흐르게 하여 때로는 푸른 초목으로, 때로는 탐스러운 열매로, 어느 때는 아름다운 빛깔로, 세상을 물들게 하여 우리의 마음을 감동시켰던 자연, 이 아름다운 사계를 변함없이 지켜주신 창조주께, 나는 손을 모으고 눈을 감았다.

예술이란 그 의미에 유인되어 미치도록 존경해야 경지에 도

달한다고 하듯이, 예술뿐이겠는가. 우리 생활도 그것과 다름이 있겠는가. 사람들은 산행의 그 목표를 달성하면 노래하고 춤추고 소리 지르며 좋아들 한다. 그러면서도 정작 자연과 인간의 만남을 그리 중요하게 생각하지 않으려 한다. 자연은 태초에 있었으므로 우리가 당연이 누릴 권리로 착각하고 있기 때문이다. 어디를 가나 '사람은 자연보호 자연은 사람보호란' 푯말이 곧잘 붙어있다. 이 아름다운 자연이 우리로 하여금 얼마나 손상되어 가는가에 대해서는 상관하지 않으려 한다. 자연이 없는 세상이란 상상 할 수도 없지만, 사람이 없는 자연 또한 가치 없는 아름다운이라 생각된다. 자연과 함께 물레방아처럼 돌아가는 순환의 순리를 누가 붙잡으랴.

울창한 숲, 맑은 물, 푸른 하늘, 꽃과 풀, 그리고 많은 돌, 이 싱그러운 풍경은 한 폭의 조화로운 그림이다.

나는 한라산에 올라 아름다운 자연을 감탄하지만 산은 나를 그 자리에 머무르게 하지 않았다. 실바람의 애무에 자리를 털고 일어서니 정해놓은 시간은 자꾸만 인간사로 내 등을 떠밀어 냈다.

작은 천사

그 어느 하루도 되풀이 되는 일상에서 해방되지 못하고 바쁘게 살아가야 하는 주부라는 자리, 모든 여성이 그렇듯이 나 또한 이 자리가 그리 쉽지만은 않은 것 같다.

그래서 모처럼의 나들이는 내 일거리는 더욱 쌓아놓는 부담이 되기도 한다.

모두가 강바람에 얼굴을 내주고도 저리 좋아라 소리소리 치는 것은 낚시 바늘에 운없이 걸려든 돔이라는 생선 때문이었다. 파닥거리며 몸부림치는 그것을 보며 나는 측은한 생각이 들었다.

"그것 그냥 바다에 다시 돌려 보내주면 안 되나요"?

"뭐라구요? 이놈은 그리 쉽게 못 잡아요. 제사상에 올라가도 으뜸으로 쳐주는 생선이라구요."

일행 중 낚시광이라 불리는 이가 기겁을 하며 바구니에 빠른 속도로 집어넣고 만다.

"점심때 매운탕을 끓이면 기가 막혀요."

나는 더 이상의 억지를 부리지 않았다. 그놈을 노려보는 그의 눈빛이 예사롭지 않았기 때문이었다. 여기저기 와! 하는 소리를 뒤로하고 좀 쉴만한 곳을 찾아 산 밑으로 발을 옮겼다. 그러다 아련한 비탈에 환히 웃는 꽃 하나를 발견했다. 바람 한 번 세게 불어도 금세 흙더미가 쏟아내려 덮어 버릴 듯한 위험한 자리, 봄비 한 차례만 내려도 뿌리채 뽑혀서 흘러가 버릴 저 아슬아슬한 자리에 키 작은 오랑캐꽃 한 송이가 활짝 웃고 있었다.

사람으로 친다면 순간순간 다가오는 목숨의 위협을 목도하는 상황에서 마땅히 공포에 질리고 절망에 울부짖어야 할 처지가 아니던가.

불치의 병으로 시한부 인생을 살아가는 환자의 절망과 탄식, 그리고 겁에 질린 표정, 태풍에 휘몰려 침몰하는 배 위에서의 아우성치는 몸부림, 만물의 영장인 인간도 그러할진대 한낫 미물에 지나지 않는 보잘 것 없는 풀포기는 더욱 그러하거늘 어째서 저토록 의연하고 태연스러운 미소로 나를 반긴단 말인가.

운명이란 말도 있고, 팔자란 말도 있듯이 목숨 지닌 모든 것에 적용되는 이 말들이 어찌 저 가련한 한 포기의 꽃에는 해당되지 않으랴.

하고 많은 자리, 숱한 옥토와 그 좋다는 명당자리를 다 두고 하필이면 왜 저런 절망의 비탈에서 태어났을까. 정녕 그것도 운명이며 팔자소관일 것인가.

마땅히 통곡하고 절망할 자리에서도 시절을 좇아 성실하게 자기 사명을 다하는 오랑캐꽃을 바라보니 내 삶이 오만하게 비춰왔다. 제아무리 주어진 여건과 상황이 절박하더라도 그것을 딛고 일어서는 몸짓이 피눈물 나는 고통이라 해도 우리는 그 한계를 극복하고 뛰어넘고 사는 것이 제 값을 치르는 신의 뜻이 아닐까.

어쩌면 신은 모든 생명에게 이런 시련을 주셨고 저마다의 시련을 극복할 사명 또한 부여 하셨는지도 모른다. 우리에게 감당할 만한 시련을 주신다고 성경에 기록되었듯 순간이 아프고 힘들었을 뿐이지 우리 또한 충분히 감당해 내고 있음이 아닌가.

운명이라 절망하는 나약한 자, 팔자소간이라 탄식하는 무능한 자가 있다면, 그건 거역하지 않을 것을 거역하는 바보일 것이다.

저토록 작은 키와 작은 몸에 거기다 어둡고 짙은 진보랏빛 꽃잎을 수술처럼 달고서도 저렇듯 밝게 웃을 수 있는 오랑캐꽃은 일상이 바쁘고 힘들다는 주부라는 자리를 더욱 값지게 일깨워 주었다. 있어도 좋겠고, 없어도 서러워 할 것 없는 저 풀포기의 웃음과 그 당당한 자세 앞에 내 변명 같은 일상이 고개를 숙이고 있었다.

오늘 저녁 심한 비바람이 저 여린 목숨을 흙더미 속에 파 묻혀 버린단들 누구하나 마음 아파 할까마는 그래도 서러워하지 않는 오랑캐꽃이여! 아! 작은 천사여!

지리산이 아름다운 것은

골짜기를 들어서니 산풍이 상큼하여 속세의 잔티를 말끔히 씻어 내린다. 구름은 해를 숨겼고 약간의 쌀쌀한 바람이 얼굴을 후비고 가다 건너편 코스모스를 좌우로 흔들어 댔다. 가녀린 줄기에 분홍빛 꽃이파리가 부드러운 미소로 고개숙인 가을이다.

산 능선을 따라 오르니 왼쪽으로는 산의 오장을 훑어 내리는 시원한 물소리가 끝없는 계곡을 타고 뒹굴었다. 오다가다 고인 물은 투명도하여 바닥에 깔린 자갈 하나 까지도 훔칠 수가 있었다. 주위에는 오색으로 물들어버린 단풍의 찬란함이 풍성했다. 붉다 못해 타버릴 것만 같은 그 절정에 우리 일행은 탄성을 내지르고 있었다.

가슴으로 출렁이며 다가오는 그 빛깔은 언젠가 월출봉에서 지구의 껍질을 쪼개며 큰 불덩이가 불끈 솟아오를 때도 이처럼 황홀하게 아름답지는 않았다. 그 아기 자기한 고운 색깔로 온 산을 뒤덮고도 자랑하지 아니함은 우리인간에게 아름다운 교

훈이 되기도 했다. 떠가는 구름의 흐름이나 그 흐름속에서 철따라 푸르고 고운 색깔로 또는 앙상한 가지까지도 아름답기만 한 산속은 감히 표현 못할 환상이었다.

사이사이 억새풀들은 깡마른 몸매로 갈색 옷을 걸쳐 입은 채 희열과 허탈함으로 무언가를 속삭이듯 바스락거렸다. 억새의 흰 꽃은 신들린 여인의 발광처럼 고사목의 허리를 한껏 애무하여 보는 이로 하여금 자연의 정취를 마음껏 즐기게 해 주었다.

나는 억새풀을 뒤로 밀고 팔베개를 하였다.

아! 하늘과 버물어진 단풍잎의 조화, 어느 아름다운 비단옷이 저와 같을 수는 없으리라. 잔잔하면서도 투명하고 투명하면서도 잔잔한 그 빛깔 어쩌자고 하늘은 저리 고운 빛깔을 안고도 그리 묵묵할 수 있을까? 가슴이 울렁거렸다. 나는 그 찬란한 아름다움에 그만 눈을 감아 버렸다.

자연 속에 이처럼 아름다운 부분이 있을거라 짐작은 했지만 직접 보는 하늘과 단풍잎의 조화란 표현할 수 없는 감동을 불러 일으켰다.

사람들은 여기 저기 나눠 앉아 가을 속에 자기의 모습을 담아댔다. 어떤 이는 바스락 거리는 낙엽에 앉아서, 어떤 이는 칼같은 바위에 기대어 각각의 모습으로 가을을 탐닉했다.

모든 것이 소중하고 아름다운 것은 각자의 역할을 충분히 감당해 냈을 때 이루어지는 것이 아닐까. 저 아름다운 색깔을 내기위해 긴긴 여름날 그 뜨거운 내란을 안고 얼마나 갈증으로 몸부림 쳤던가. 그러다 온 세상을 뒤 흔들어대던 사나운 태풍에게 이파리 하나라도 놓치지 않으려고 온 몸을 비틀었을 그 끈질긴 인내가 없었다면 저리 고운 단풍을 볼 수 있었겠는가.

그러다 어느 날엔 한 잎도 남김없이 다 떨구어 한 줌의 흙으로 남을 줄도 아는 저들이다.

왠지 요즘 들어 산행이 즐겁고 자연히 아름다운 것은 나이 탓일까. 아니면 무언가 채워지지 않는 마음의 공간을 자연으로 채우려는 걸까. 때로는 혼자이고 싶고, 때로는 고독하고 싶은 건 또 무슨 변고인가. 나는 말없이 묵묵한 그러면서도 많은 사연이 서려 있는 듯한 바위를 골라 앉았다. 그리고 이 어처구니 없는 마음을 가을 산에 죄다 쏟아놓고 있었다.

산속은 온통 붉은 빛이고, 사람들은 그 빛을 찾아 배낭을 메고 막대를 짚어가며 산을 휘젓고 다닌다, 그 빛과 마주치면 함성을 질러가며 마음을 풀어 자연에 취하지 않던가. 그뿐이랴! 어쩌다 계곡의 물이라도 만나면 그냥 놔두지를 않는다. 손을 담가 보기도 하고 낯을 씻어보기도 하며 한 움큼 쥐어 공중에 날려도 본다. 그러다 결국엔 그 하얀 두 다리로 첨벙대는걸 보면 어찌 어른과 아이를 구분할 수 있으랴.

자연과 어우러진 한 폭의 그림 같은 모습을 보고 있으면, 봄날 피어오르는 아지랑이처럼 마음이 부풀어 오른다.

나이에 맞지 않게 좋아라 소리소리 질러대는 우리 일행을 먼발치에서 바라보며 나는 혹독한 가을 병을 덜어냈다. 그리고 귓전에 부서지는 그들의 티 없는 웃음소리가 내 오장을 말끔히 씻어내렸다.

모처럼 물가에서 맛 나는 점심을 먹으니 세상 부러울 것 없이 행복했다.

우리 일행은 또 어느 곳을 탐닉하기 위하여 차에 올랐다. 뒤로 밀려가는 저 아름다운 가을 산을 놓치지 않으려고 고개를 돌려 훔치고 훔쳤지만 더 멀리 사라지는 지리산이다. 지리산이 아름다운 것은 역시 단풍이 곱기 때문이었다. 차 안 분위기는 절정을 이루고 있었다. 춤, 노래, 모두가 다 즐겁다. 결국은 이 시간을 위해 떠나온 사람들처럼 목청을 높이고 몸을 흔들어 댔다.

그도 그럴 것이, 늘 바쁘기만 한 주부의 역할, 어르신들 모시고 살면서 어디 숨이나 한번 크게 쉬고 살았던가. 남편의 뒷바라지에 아이들 수발까지 그 많은 부분을 잘 살아 내기 위해 얼마나 마음조이며 살아온 날들인가.

앙금으로 쌓였던 찌꺼기 찌꺼기를 이제 다 토해내 버리는 거다. 그래서 아무것도 담겨지지 않는 빈 가슴으로 돌아갈 것이다. 그리고 내게 부여된 모든 가족에게 그 좋다는 사랑 하나로만 가정을 가꿀 것이다. 사위에 어둠이 내리고 차안 분위기는 사뭇 갈아 앉았다. 모두가 밝은 얼굴들이다. 그 얼굴이면 문제없이 세상을 다 보듬고도 남을 만한 사랑이 있을 것만 같다. 각자의 둥지를 찾아 돌아가는 바쁜 발걸음들을 어느 고운 불빛이 환히 비춰주었다.

진실의 빛깔

싸늘한 바람결로 머리를 빗질하며 단풍잎 떠 흐르는 강가에 섰습니다.

가장 아름다운 목숨의 혼은 황금빛으로 익은 살찐 열매가 아니라 한 점 때도 묻지 않은 저 선홍빛 단풍잎인 것 같습니다. 진실로 거룩한 모습은 자신을 살찌워 단즙 흐르는 열매가 아니라 자기를 버리고 다 털어 버린 나머지 여위고 여위어진 가벼운 단풍잎 같은 것이 아닐까요. 그 여윈 모습에 스며든 순수와 정직과 그리고 진실의 빛깔, 그것만으로도 충분하지 않을까요.

한 생애를 소중히 다스려 온 최후의 모습은 저렇게 기막히고도 황홀한 빈 손이어야 한다는 생각이 오늘 가슴 깊이 스밉니다. 산천초목이든 그지없이 영악한 인간이든 저 투명한 가을 하늘을 우러러도 부끄럽지 않은 목숨의 최후는 바람에도 날리고 풀포기와 시냇물 위에도 얹히는 한없이 가벼운 몸짓 그런 것이 아닐까요. 그래서 끝내는 진실의 고운 빛깔 그것이어야 될 것만 같습니다.

아무 죄도 없이 진실로 사랑해야 한다는 또 하나의 이유 때문에 십자가를 지고도 그 선홍빛 피마저 아끼지 않으시어 가볍고 가벼운 껍질로만 승천하신 예수처럼 결국엔 우리도 지닌 바를 모두 버린 껍질이어야 하지 않을까요.

오늘 저 단풍잎 위에 침묵의 말씀으로 내려앉아 빛나는 목숨의 정수리로 다가오신 신의 가르침을 나는 가슴으로 겸허하게 받습니다.

여름 날, 푸른 기슭을 치며 소리쳐 흘러가던 홍수도 지금은 말갛게 강물로 가라앉아 생명을 응축시킨 진실 하나만으로 조용히 흐릅니다. 굳이 누구에겐가 설명하지 아니하며 그저 바라보는 자들에게 간절한 울림으로 가슴을 치는 그 행위 또한 아름다울 뿐입니다.

천만 년을 누리고 싶은 황금과 명예의 탐욕스런 고깃덩어리도 영원히 빛날것 같은 이름도 어느 날 신이 홀연히 거두어 버리면 그만인 것을 오늘 저 강물에 떠 있는 단풍잎을 보며 깨닫습니다. 탈없이 흐르던 강물도 바위를 만나면 소용돌이를 만들듯 우리네 삶이라고 다를 게 뭐있겠습니까.

열매가 적다고 나무는 부끄러워 할 일이 아닌 듯싶습니다. 갖지 못한 이의 빈손 역시 부끄럽다고 감출 필요는 없을 것 같습니다. 실상 우리는 너무 많이 가졌고 또 가진 것 때문에 얼마나 시달리며 올곧게 살지 못했던가요. 의복도 세간도 인연조

차도 잡다하게 너무 많이 소유하고 있습니다. 더욱이 인연에서 오는 삶의 파장은 좀 많습니까. 때로는 실망하고 때로는 허탈해하고 그래서 가슴을 쥐어뜯기를 얼마나 했던가요. 그런데도 더 갖지 못하여 허둥댄다면 그래서 겪는 고통이 더 크다면 차라리 빈손인 편이 낫습니다.

다 지나고 보면 부질없는 일에 목숨을 걸고 덤비던 우리가 아니던가요. 이제 두 눈의 촉수를 세워 저 강물위에 떠가는 선홍의 잎새 위에 금빛 물무늬같은 생을 건져 올려 진실하고도 아름다운, 그리고 겨울 백설같이 깨끗한 생을 살아야만 할 것 같습니다.

박신영 에세이집

어떤 일탈

2014년 10월 5일 인쇄
2014년 10월 10일 발행

지은이 | 박 신 영
펴낸이 | 강 경 호
인쇄 · 기획 | (주)시와사람
등 록 | 1994년 6월 10일 제 05-01-0155호
주 소 | 광주시 동구 백서로 125번길 32-5(금동)
전 화 | (062)224-5319
팩 스 | (062)225-5319
E-mail | jcapoet@hanmail.net

ISBN 978-89-5665-408-9 03810

값 10,000원

공급처 ■ 한국출판협동조합
경기도 파주시 탄현면 오금리 202번지
주문전화 (02)716-5616, 070-7119-1740